CARIBBEAN LITERATURE IN COMPARISON

CARIBBEAN CRITICS SERIES, 1

CARIBBEAN LITERATURE IN COMPARISON

Papers Presented at VIII Conference on Spanish Caribbean Literature 9-11 April 1985

Edited by J.R. Pereira

INSTITUTE OF CARIBBEAN STUDIES
U.W.I., MONA

Printed and bound in Jamaica by Print Media Ltd.
12B Chisholm Avenue, Kingston 13
Cover Design by Tyrone Lindsay

The Institute of Caribbean Studies, U.W.I., Mona
Kingston 7, Jamaica

National Library of Jamaica Cataloguing in Publication Data

Conference on Spanish Caribbean Literature
(8th : 1985 : Kingston)

Caribbean literature in comparison: papers
presented

(Caribbean critics series ; 1)
Bibliography : p.

I. Caribbean literature (English) - History and criticism
II. Caribbean literature (French) - History and criticism
III. Caribbean literature (Spanish) - History and criticism

1. Pereira, J. R.   2. Title   3. Series

810.9'91821   *AEG-8486*

ISBN 976-41-0026-0

CONTENTS

FOREWORD

One of the hopes of the initiators of these Conferences on Spanish Caribbean Literature was that the literature of our region expressive of the experiences of the Spanish-speaking communities would become more exposed to the English-speaking communities as a necessary step in a process of perceiving the multiple linguistic communities as one totality, with its commonalities of experience and sensibilities counterpointing its divergences.

This volume is a continuation along that path of integration, looking as it does at the various literary creations in a comparative way and pointing towards those commonalities beyond the divergences. The studies are by scholars of the region. Although so far the French-speaking Caribbean has been very much under-represented, some critics have introduced that creative expression into the dialogue. Predominantly, as is to be expected from Hispanists, the comparisons have been between Spanish and English literatures of the region, largely twentieth century.

The predominant issues in these papers have been those that are foremost in Caribbean cultural concerns: Africanity and racial identity, questions of nationalism, female sensibilities and gender politics, the interplay of appearances and substance. Overall, one senses the masks and strategies of survival, the quest for empowerment, the richness of the creative strength of the Caribbean.

These papers, then, reflect the growing sense of regionality and constitute a further assault on the barriers of ignorance of each other that has fettered our region in a period that impels broader regional perspectives and action.

J.R. PEREIRA
U.W.I., MONA

1

The Maroon in Cuban and Jamaican Literature

J.R. Pereira
University of the West Indies
Mona

In presenting the justification for conferring the order of National Heroine of Jamaica on the Maroon Queen Nanny, Edward Brathwaite underscores the inadequacy of historical record in conveying a full or authentic account of the social and cultural realities of the folk in our society. He makes the salient point that, "We must therefore turn to our poets -- and novelists . . . to restore our sense of an intimate emotional connection with our past, to restore, in fact our folk myths."[1].

Historical documentation is scant in the recording of the African/creole perception of Maroon life and place in Caribbean history. It is far, far stronger on the colonialist perception of this phenomenon. Historical reconstructions have therefore tended to be incomplete, and often it is literature that has fleshed out and re-created for our psychic sense of identity the world of the Maroon. The origin of the term itself, going back as it does to the Amerindian flight from the Spanish colonizers, bespeaks the major dialectical response that marked the history of the enslaved and oppressed in relation to European colonialism: the act of rebellion through flight, refuge, retraction into the wilds and wilderness. It is an act that continues right into contemporary Caribbean society where the history and manifestation of Rastafarianism is the continuation of that legacy of "moving out of Babylon" to discover that space to create and to be.

The phenomenon of maronage developed in all areas of the New World where slavery was imposed. In Jamaica, the Maroons achieved a level of successful rebellion not much realized in other countries apart from Brazil and Suriname, in that they were able to wrest recognition of their autonomy within the colony. In Cuba, efforts to this end never quite achieved that aim, but the Maroons often maintained their free communities or *palenques*. Terminology reveals a distinguishing social reality in both societies: in Jamaica, 'maroon' is applied generally to members of those free communities. The equivalent in Cuba is the *apalencado*, or inhabitant of a *palenque*; while the term 'runaway' in Jamaica or *cimarrón* in Cuba applies more specifically to individuals not organized in a community. And while the stereotype of Maroon environment is the most inaccessible hill country fur-thest from European settlement, maronage was successful for long periods in the most unlikely places, whether in the middle of Bridgetown or on the cliffs of the Virgin Islands or the swamplands of Cuba. It was the mountains, though, that provided the conditions for community.

In literature, this social reality was ignored for a long time, the focus on the period being more on slave society itself. However, the creative imagination in Cuba and Jamaica more than any other country of the region, responding to the demands of varying ideological currents, has produced increasingly full-blown explorations and articulations of this phenomenon. This study seeks to identify recurring features, commonalities, disparities, and absences within that literary body.

EUROCENTRIC APPROACHES

Consonant with the realities of political and social history, the dominant written view of the Maroon originally came from the European side. While not creative writing, early images of maroon reality are to be gleaned from the *Diario del rancheador*,[2] the account of a Cuban bounty-hunter tracker of runaways, Francisco Estévez. There is scant attention to the human qualities of the Maroons, but Estévez conveys their determination for freedom through their often violent resistance to capture, even to the point of death. His job is frustrated, and its futility emerges. Not only are the terrain and physical conditions debilitating but the Maroon remains elusive – a track here, a sign there, the occasional capture, but mainly a sense of getting nowhere: "nunca sería suficiente para exterminar los cimarrones en estos puntos, porque inmediatamente tienen noticia de nuestro arribo, se refugian en las fincas donde están bien cubiertos por los mansos" [p. 127]. These historical features will surface in subsequent literary works.

In the late nineteenth/early twentieth century, in both countries, the liberal bourgeois writers of the day conveyed glimpses of the Maroon in keeping with the value systems of which the writers formed a part. Thus Tom Redcam[3] presents the Maroons as a savage military adjunct to the Spaniards during the English capture of Jamaica in his poem 'Don Arnaldo Sasi' : "There the fierce de Bolas leads his warriors wild/Savage Malagascars, ruthless Cottawood" [p. 38]. And only by contextual inference is a sense of freedom associated with his summation of the Maroon in Jamaican history contained in the patriotic poem 'Jamaica':

Echoed through lonely woods, the fierce Abeng
Summons the savage Cimaroon to die:
Once more - through night gashed by red flame - to war
The dauntless Coromantee peals his cry [p.15].

Similarly, in the tale "A Maroon Saga"[4] the historian, S.A.G. Taylor, while seeking to give an historical glimpse of the Maroon Wars, including the story of Nanny, uses a very anglicized mediation for this, in which the white plantocrat and his invited foreign (English) guests are entertained one evening in the Great House by the tale of the Maroons as told by one of their number, Tebeki. There is a positive side to the Taylor story, in that Tebeki at times conveys the retention of an African cultural identity, but negatively there is a tendency to present him as savage. For example, in a raid on a plantation, he seeks a slave woman for himself: "I siezed the first one that came to my hand and dragged her outside, where by the light of the stars I saw that she was a toothless hag, so I struck off her head and cast her body to one side" [p.163]. There is a forced reconciliation of historical class and race antagonisms, with the Maroon being a friend of the planter - "comrade of my youth" [p.169], and there is no contradiction now with the class whom Tebeki has had to fight to obtain and preserve his freedom. The story ends not on the note of freedom won but on the courage of the Englishmen who were involved in the signing of the peace treaty. Such a tale, while bringing to the printed page recognition of the Maroon, does so in a way that their rebellion and resistance become an historical, non-revolutionary fossil that neither challenges the contemporary socio-political status nor addresses the recovery of an identity.

In Cuba in 1930, the novelist and dramatist, José Antonio Ramos, published an historical novel, *Caniquí,*[5] which sought to depict life in the Cuban slave society of a century before. The title of the novel derives from the main black character, who becomes a runaway and *palenquero*. However, the novel is less about this eponymous character and far more about the incipient quest for freedom from the colonial power among sections of the white creole society. Ramos utilizes the Maroon largely as symbol of the spirit of, and quest for, that freedom. Freedom operates in different ways as it concerns the three main characters: Mariceli, daughter of the plantation owner rebels against parental pressure to determine her future; her boyfriend, Juan Antonio, develops political action for national independence; and Caniquí seeks to be free from slavery. They all three seek release from the same source of bondage: the Spanish colonizer.

However, Ramos, while fairly comfortable if melodramatic at times with his European characters, is less skilled in his characterization of Caniquí, who is depicted as physically strong and brave, but somewhat primitive and simple — a decided touch of the noble savage. Early descriptions of him are: "como un animal cansado" [p.75]; "como un perro bueno y fiel" [p.76]. He keeps smiling and showing his double row of very white teeth, and even at the height of his maronage he speaks reverently about his master: "Al amo no solamente lo respetaba: lo quería. Ni 'apalancado', en pleno monte, dejaba él de querer a don Lorenzo. El amo tenía una manera buena de ser malo con los negros" [p.156] – and this last without a trace of irony from the author. The description becomes more revealing as the character is developed: "En su mente rudimentaria....." [p.159]; "su primitiva mente" [p.204]. There is a very non-revolutionary, almost ludicrous reason for Caniquí's flight from slavery: he has chanced to see Mariceli naked in one of her mystic moments of self-flagellation, and in trying to make the necessary ritual cleansing from the curse he thinks he has attracted by seeing her thus, is caught stealing her clothes so runs away.

Indeed, Caniquí tires of being a Maroon, given the harsh life of the *palenque*, and is prepared to return even to the condition of house-slave: "No: no huiría otra vez al monte. La verdad era que el palenque no le brindaba nada. Hambre, terrores, soledad" [p.185]. However, Ramos does create an awe and celebration surrounding Caniquí as legend/folk hero for the slaves, and even has the planter recognize hitherto unappreciated dimensions of this slave: "El lo había tenido siempre por negro ladino, pero humilde, incapaz de aquella audacia. En un momento creyó hasta en los poderes misteriosos del prófugo" [p.232].

Ramos makes explicit the symbolic value of Caniqui through the thoughts of Juan Antonio, the real 'human' of the novel:

> Caniquí es un símbolo. Sus tremendas energías, su vigor físico,
> su alegría de animal joven y sano, apenas le sirven para sí
> mismo. Cuba es también venero de riquezas, de juventud,
> de alegría. Pero .... todo lo suyo es de su amo. [. . . .] Pero un
> impulso recóndito empuja al esclavo al monte, al "palenque",
> a la libertad individual y desordenada. Y para nada le sirve a él
> esa libertad, sin embargo ..... Acaso Cuba tampoco haría otra
> cosa que "apalancarse" como Caniquí, y retroceder a su condi-
> ción primitiva! .... Pero el impulso es invencible [p.180].

Freedom, then, has both progressive and regressive possibilities, even if *apalencamiento* is seen as regression. Caniquí as cultural, intellectual being is seen negatively, but as a political anti-colonial symbol radiates promise.

In this use of the Maroon, Ramos was not too far off from some of the initiators of the Afro-Cuban literary/cultural movement of this period who saw in the African an antidote to Wall Street by virtue of distinctive primitivism. And yet, for all the shortcomings, Ramos and others by their efforts were carving out a creole cultural identity for the region.

Not so the Jamaican, F.J. Duquesnay, whose short story, "Plato, Black Sultan of the Hills",[6] tells of a runaway become bandit. Duquesnay appears to have fictionalized an historical person. The author's perception of Plato is straight from the eye of the colonial ruling class. He makes much of black fear of Plato's obeah, while presenting Plato as demented by a lust for alcohol and with little dignity or concerns outside the hedonistic. For example: "His whole being was on fire now, and he could think of nothing but the ecstasy of quenching his thirst in long draughts of heady cane liquor. This fire which consumed him seemed even more terrible than the desire of the flesh, for even his harem of dark beauties could no longer satisfy him" [p.55]. Consistent with this presentation is the author's description of Plato as "criminal" and "robber", and the concern for reward from a happy "Massa" that his black slave captors have [p.57]. Although published in 1973 (presumably as a museum piece) the ideology of this story reflects a decidedly colonial Jamaica.

A new, more complex and integral treatment of maronage is to be found in Alejo Carpentier writing in the forties. In his story, "Los fugitivos",[7] published in 1946, Carpentier is concerned less with the particularity of maronage and more with a universalizing analysis of man in relation to Time. His story explores the relationship between Perro and Cimarrón, starting as adversaries. The dog has to respond to three externals: the runaway as quarry, in learned response to his master's training; the bitch, as partner, in response to natural reproductive urges; and the wild dog pack, as aggressors, in response to survival instincts. Survival instinct dominates learned response, so Perro teams with Cimarrón and opts for maronage, learning to reject the white world as "olor a peligro" [p. 107].

Their social life together is presented by Carpentier with increasing parallels: their act of urinating; their sexual urge in Spring; their satisfaction of this urge on the plantation. Merger of being is extended by use of reciprocal metaphoric description: Cimarrón has to enter his new cave/home "a cuatro patas" [p.109], while Perro, when he eventually joins the wild dogs, enters their "palenque" [p.117]. However, while there is an increasing submerging into the rhythms of nature and a slipping away from the symbols of Time that mark human society, Cimarrón cannot make the transition like Perro. Not only is there a nostalgia for the creations of human society but, unlike Perro, he does not get over the sexual crisis of Spring, and his no longer natural but now human sexual desires lead to his return to the plantation, incaution and capture.

Perro's sexual urges of the following Spring lead him to the wild pack, for which his maronage has prepared him to cope. His loss of response to the human world is however not complete. Lurking in his memory is the ambivalence toward Cimarrón which surfaces when they meet again: affection struggles with hostility and the latter triumphs with fatal consequences for Cimarrón: "Había recordado, de súbito, una vieja consigna dada por el mayoral del ingenio" [p.119].

In their fugitive condition, neither Perro nor Cimarrón can totally shed previous social conditioning. Man's social/civilizing urges conflict with Nature's rhythms. In the end, the testimony to existence is ironically bones. Four times in the story we get this insistence. Twice Perro associates Cimarrón with bones (at their first and last encounters), and twice human beings avoid the bones of their fore-runners: Cimarrón flees his cave when Perro digs up an ancient burial site "aterrorizado por la presencia de muertos en su casa" [p.109], while the story ends almost cyclically with the hunters avoiding the bones and chains that attest to Cimarrón's existence. While the animal is impelled to the bones as food, man is repelled from them as statement of his mortality. Maronage has been used as a parable of man's discontinuities.

In this respect, this story differs somewhat from Carpentier's novel of this period, *El reino de este mundo,*[8] where his examination of the continuing struggle for liberation in Haiti through slavery, colonialism and two forms of neo-colonialism under Christophe and Boyer leads Carpentier to treat in the first section of the novel with Mackandal, the Maroon who becomes the book's basic symbol of the quest for liberty – cultural as much as political or social. Unlike Cimarrón, Mackandal does not operate in isolation. His maronage is presented as but a phase of self-development through religious conviction and preparation, through development of knowledge of Nature as ally and development of political organization for what is ultimately not even a historically particular social movement against slavery and the colonial power, but a universal dialectical law of revolt against all oppression. Mackandal's return to the estate and his capture are not impelled by egotistic desires but collectivist objectives, and correspondingly, his death does not lead to demoralization and terror on the part of his people but to renewed spiritual and cultural strength in this freedom struggle. The individual maronage, then, leads to a purely existential affirmation that ends in the self, while maronage with the collective objective perpetuates self through that collective.

Yet story and novel have some common features. Both, at one level, deal with relationships of power, identity and betrayal: as Perro "betrays" Cimarrón, so too does Christophe betray the Haitian revolution in Carpentier's presentation, and even more so the outsider Boyer. As Mackandal and Ti Noel seek the rhythm of Nature, Christophe and Boyer disrupt that rhythm with their Eurocentric perception of progress and civilization, which signify a return to chains. Carpentier initiates a departure from the treatment of the Maroon from an alien, patronizing perspective. However, it is not un-

til after the Revolution of 1959 that a new ideological thrust brings renewed
interest in the Maroon, and a conscious wave of writing seeks to delineate
and recover this heritage, especially with the Cuban involvement in Africa
from the mid-seventies. This parallels an even more pronounced identity
quest in Jamaica at about the same time.

SEEDS IN YOUTHFUL MINDS

Independence in 1962 assisted in impelling Jamaicans to greater consciousness of their own specific history and identity. The development of
an adult literature during the nascent nationalist period after 1938 had not
been paralleled by a body of literature for children. In 1961, Philip Sherlock
had published his *Three Finger Jack's Treasure*,[9] which did connect in some
small way with Maroons and runaways. Sherlock uses in his novel the famous
Jack Mansong of the 1780s, but while the novel reflects some aspects of
historical reality, such as Jack's obeahman, Bashra, or Quashie, his opponent
who ultimately kills him, Sherlock relocates Jack from St. Thomas on the
south coast to Trelawny on the north, and there is very little direct cultural
revelation of the world of either the runaway or the Maroon. The novel
deals with a modern middle class family in an anglicized cultural pattern and
language tone (understandable to some extent considering its period and
publication possibilities) although glimpses of creole language and culture
show through. The children learn of the Maroons and Jack from outside the
family, as can be expected, from the old black worker, Eby. While the Maroons are described authorially as "brave fighters for freedom in the old
days" [p. 7], ironically we see that it is a Maroon who hunts and kills Jack,
reflecting the contradiction of Maroon behaviour after the Peace Treaty.[10]
Jack has been useful background for an adventure story.

Jack's story is more succinctly and accurately reflected in a poem by
the historian, Alma Norman, who as early as 1964 published independent-
ly her *Ballads for Jamaicans*,[11] dedicating it to "Jamaica's future heroes".
That four of the subjects for her ballads were subsequently declared National Heroes indicates her precursory role in defining a re-oriented identity
within the new nationalist spirit. Apart from Jack, she wrote ballads on the
Maroons Nanny and Cudjoe. In all three, she extols their bravery and spirit
of freedom, although she has difficulties with their religion - of Nanny she
says: "It boasted of freedom - but not for long. / For they trusted her Fetish
which proved them wrong" [p. 6], while of Jack: "But his Obeah failed him,
and mighty Jack died" [p.12].

It is not until the late sixties that a more sustained effort at placing black
youths and Maroon history and culture at the centre of the novel is attempted by two children's novels. That there was a conscious pedagogical effort
underway is reflected in their being published in collaboration with the
Ministry of Education. It is interesting, though, to see how colonial preju-

dices and values continue to transmit themselves, especially in *Queen of the Mountains.*[12]

This brief novel by Phyllis Cousins tells in rather heavy pedagogical style the story of Nanny, her community and the Peace Treaty. The opening description of Nanny presents her religious side in an apologetic tone, reflecting the prejudices against African religious retentions: "She was a warrior, and although a princess, she dealt in witchcraft" [p.17]. Nor does this "witchcraft" come from the beliefs of the community: "Nanny's mother had taught her some mysterious practices" [p.17]. Describing the Maroons moving into the Blue Mountains, there is this exoticism: "The journey became so hazardous that some of the tribe grabbed the withes of the trees and made their way like monkeys through the dense jungle" [p.19]. There is also uncharacteristic petty self-aggrandisement: "First, she asked if they agreed to the new settlement being named after her" [p.22]. And there is the mystique surrounding the legendary Nanny Pot which the writer demystifies for the reader but entrenches in mystery for the Maroons: "To them this was magic and Nanny had made it" [p.24].

However, despite the multiple shortcomings, the writer does give the sense of community, of a cultural identity (albeit clouded by "magic" and ambivalence), of the obstacles, setbacks and achievements of the Maroon societies leading up to the Peace Treaties. Unfortunately, Cousins' presentation of the Treaty betrays a colonial inferiority. There is little appreciation of the Maroons having forced the British to concede. Instead, the Maroons are shown accepting handouts and privileges from the British, who thereby remain the dominant pole in this final episode: " .... the Maroons would be given land tax-free and be privileged to live peacefully with the colonists" [p.46].[13]

Contrasting with this view is the other far more technically and conceptually accomplished children's novel, *The Young Warriors*,[14] also published by the Ministry in 1967. Vic Reid is both novelist and historian, and is able to present here both an exciting adventure story and a reconstruction of Maroon culture told from the perspective of the Maroons and using the format of the Chief as historian initiating the young warriors. Significant features are the Maroon harmony with Nature and the forest, their military intelligence and survival skills, the African basis of their culture, their pride and confidence in themselves without apologies or hidden subordinations.

Reid consolidates the sense of national identity in his readers by these organic features of the novel, but also provides a superstructural ideological statement of nationalism from time to time. The novel's opening chapter affirms: "When the Spanish fled, the English became the new rulers of Jamaica. But the Maroons were never defeated and they never left the island. So we are the true Jamaicans, David said" [p. 8]. And Reid closes the novel with a re-statement: "We are the Old Jamaicans and the English are the New. Let us hope that the day will come when we can both live together in peace. If we cannot live together, then the English may have the plains. We shall keep our mountains" [p.119]. We shall see later on how Reid develops on this conceptual and artistic base.

In Cuba a similar development of literature for children has taken place particularly since the early seventies to fill a like void. In 1984, Edwigis Barroso published what seems to be the first children's novel on a Maroon theme in Cuba, *Yan el Cimarrón.* [15] He shows the young Yan in slavery as a way to revealing the brutalizing and dehumanizing nature of slavery. Yan has his maroon hero, Bimbo, and his mentor, Tomás, whom Barroso uses to show the social function of those who, remaining in slavery, assisted and provided necessary conduits for the Maroon population. Yan's hatred of the system leads him to rebel by escaping. Barroso delineates some aspects of life in the *palenque*, but his main focus is the development of the independence movement, so that his *palenqueros* join with white insurrectionists against the system of slavery and colonialism in one: "No se trataba ya de la emancipación de los esclavos, ahora la lucha era más amplia ...." [p.88] or: "Y al lado de los blancos terminó la guerra peleando con ellos por la libertad de todos" [p.93].

In this presentation, the author is reflecting the ideological desire to heighten the political nature of maronage, but there is a tendency to subordinate a genuine black cultural identity to a white-dominated vision. Barroso has the white insurrectionist in a patronizing relationship: "Habló a los esclavos como un padre" [p.75]. On numerous occasions he refers to the Maroons as "esclavos" even right to the last page of the novel. There is scant attention to the cultural life of the *palenque*, in the way that Reid is able to achieve, although we do get certain features such as the use of proverbs to communicate points. The overall tone of the work is rather moralistic, controlled and mediated as it is by its didactic intentions.

SELF-IMAGES

The shift in class perspective that the Revolution legitimized is expressed in the work of Miguel Barnet, whose testimonial biographies have sought to give voice to those social forces who had previously been marginal in the documentation of Cuban society. His first work, *Biografía de un cimarrón,* [16] is really the autobiography of Esteban Montejo who was born a slave, became a runaway and later joined the Independence fighters. We can regard it then as really Montejo's work, with Montejo imposing his own poetic narrative style and conveying his value system. It is the only direct account of life as a Maroon. However, only fifteen pages narrate this *La vida en el monte.* As Barnet explains in the introduction: "La vida en el monte queda en el recuerdo como una época muy remota y confusa" [p. 9].

Montejo would have been a teenager as a runaway, given that he was born in 1860 and abolition was announced in 1880. He conveys his spirit of freedom as something inherent and fated: "Yo era cimarrón de nacimiento" [p.20]. "Pero yo tenía un espíritu de cimarrón arriba de mí, que no se alejaba" [p. 44]. His flight is determined too by the brutality of conditions of slavery he describes: "Cualquiera se cansaba de vivir. Los que se acostumbraban, tenían el espíritu flojo. La vida en el monte era más saludable" [p.41]. His flight is initiated with an act of rebellion -- he tosses a stone at the hated overseer [p.44].

Montejo conveys his initial fear of the forest and its sounds, his gradual discovery of nature's resources, especially herbal medicine and eventually a harmony with nature. Conversely, there is the avoidance of direct human contact. Repeated is his preference for solitude as a question of survival: "Cimarrón con cimarrón vende cimarrón" [p.48] is his proverbial method of justifying isolation. However, Montejo does show his need for human society: he tells of standing out of sight watching the peasants play music and dance. And he speaks of sexual fulfillment as the only lack in his isolated life, reminiscent of what impelled Carpentier's Cimarrón. His propensity to philosophize is matched by his sense of the spiritual -- a mixture of Christian and animist views, that helps to consolidate the depth of his personality and indicate the complexity and dignity of this representative of an oppressed class.

In Jamaica, the nearest one gets to an internal account of maronage is Milton McFarlane's *Cudjoe the Maroon.*[17] Rather like Barnet, McFarlane feels impelled to present this oral history because of the distortion of the Maroon image, both in Jamaica and overseas. He seeks to redress a prejudice and to give voice from within the group, whose perception of their history is self-vindicating. McFarlane, himself a Maroon, reveals part of the survival strategies of his people when he explains: "Furthermore, chiefly for old reasons of security, Maroons have never, prior to this time, made available to anyone outside the group any part of that body of information about their ancestors" [p.13].

McFarlane's source is his grandfather, who passes on the history and lore to the author as a boy. This creates the questions of how far is the story fictionalized, how far is it McFarlane's, how far Grandpa Wallen's. There is so much detail, so much "authorial omniscience" that either Wallen or McFarlane or quite likely both embellished for artistic communicative effect the basic historical facts. It is clear that McFarlane, while evoking intermittently the griot figure of Grandpa Wallen and his own childhood days with nostalgia, also translates the original tales into standard English, although giving occasional glimpses of the original creole patterns, e.g., "Now das a man who know how fi soldja" [p.64], was the way Grandpa Wallen expressed his admiration for that feat.

In narrating Cudjoe's life, this scribal/oral version conveys his strong sense of attachment to Africa, even to his including in the original Treaty demands for a return to his homeland. There is a strong sense of community, of "Koromanteen custom" and communal social organization, which is not yet affected by capitalist private appropriation. However, the European presence is strongly felt — it is, after all, what impels their maronage and cherishing of freedom. The British capture of Jamaica is at first not understood by Cudjoe's father, but gradually it becomes clear that "Backra di fight Backra" [p.22] — an intra-imperialist rivalry that Cudjoe's value system cannot fully grasp [pp.50-51].

Two specific episodes are narrated in detail that reveal significant features of this encounter of races and cultures. He first deals with one of the two captured British soldiers who had opted to stay with the Maroons because they sensed a greater freedom with them than they had known before. One however, Neville Jameson, brings his materialist values. His greed for the gold and valuables accumulated by the Maroons as booty led to his introduction of gambling and as a consequence, his corruption of the Maroon, Belembo, who is taken by this gambling beyond the level of sport to obsessive acquisitiveness. The end result is Belembo's murder of Jameson and his own subsequent Maroon trial, conviction and suicide. Apart from the clash of values, the story reveals much of the justice and dignity of Maroon life and standards.

The other major revealing episode is to be found in Chapter 14, where Cudjoe and an enemy soldier engage in single-handed combat. In a way that without ideological fanfare removes the schema of a racial cleavage, as the preceding episode has also tended to do, the history of the opponent Mac-Gowan gleaned from his diary shows a tale of capture, bondage and middle passage, fight for freedom and longing for the native land, Scotland. As presented, the story raises striking parallels with Maroon experience, and ends in a sentiment of affinity which speaks to a recognition of antagonisms more complex than race:

> Cudjoe managed to break the silence by observing that more
> than ever, he felt that MacGowan was never really his enemy.
> They both fought, he believed, because fighting was thrust
> upon them by a common enemy, an enemy who left them
> no other choice and no other path to freedom   [pp.113-114].

An interesting reflection of the astuteness of the Maroons is the version given of the Nanny Pot that features in so much of the literary and legendary creations on the Jamaican Maroons. This "Nanny's boiling cauldron" is said to have been the explanation given by a surviving British soldier for their defeat at the hands of Nanny and Cudjoe:

> With a story like that, to say nothing of what it became after
> it was spread about, it is no wonder that Cudjoe's name evoked
> images of mystery and terror in the minds of the colonists.
> Intelligence regulars didn't help matters much, either; when
> they first heard the story they sensed a good thing and prac-
> tically took over the job of spreading it until it gained magical
> proportions. Cudjoe quite obviously consented to that type of
> propaganda and was certainly not above using it as long as it
> helped keep his people free [p.120].

The style here speaks of an ongoing analysis of the oral history by McFarlane even as he narrates, as well as a consciousness of an authentic account
contrasting with "the way the story finally came to be told in the plains"
[p.121].

Unique in a different way is another Maroon voice -- Namba Ray, creator
of a novel, *Black Albino* (1961)[18]. The novel seeks less to develop historical
point and more to give moral judgements on leadership, opportunism, prejudice and communalism. Its very title poses the issue of prejudice which
affects Tambo, the albino son of the chief, Tomaso, who is rejected by the
community at the instigation of Tomaso's rival, Lago. Perhaps schema-
tically presented and over-romantic at times, the novel does register emotive
appeal around Tomaso and the tragedy of his wife, Kisinka, around the
pathos of their son Tambo, pariah of the community, and his friendship
with Manda (pointedly both blind and the daughter of Lago), and even
around the capacity for self-redemption in the villain, Lago, who sacrifices
himself in the end so that the colonial soldiers would be defeated. The
hostilities of the adult world seem to be doomed for re-enactment in the
younger generation, but eventually affinities and common peril overcome
divisiveness and the children become the redemption of the individual,
Tomaso, and their community. It is a story that appeals, like many of the
Jamaican novels on the Maroons, to the young through its youthful characters and adventures, but it also appeals to the adult readership in its romantic restoration of a sense of community and rootedness.

Roy creates in the dialogue the flavour of an archaic language to evoke
both a distinctive Bantu/Maroon translation and to reflect the cultural
patterns through ceremonial tones, periphrastic and metaphoric language,
invocations and exhortative phrases, proverbs and hyphenated epithet.
For example: "Nay! Nay, Lord-of-my-Spirit! Speak not so! . . . Full of
wisdom as you are, the eyewater not only blinds thy eyes, but also thy
thoughts". Later in this episode, Kisinka continues: "And when sleep comes
to thy eyes, O Lord-of-my-Spirit, it shall be the bridge by which I shall

cross from the Land-of-the-Spirits to the Land-of-Dreams to talk with thee". [p. 120]. Insults are as gracefully expressed as these tendernesses. There is a strong sense of role, of place, of pride and shame, and overall an ordering of ritual and tradition that makes discord and divisiveness all the more alien. Community triumphs over individualist opportunism precisely because it is community that is necessary for survival against the hostile European force.

THE FLOWERING OF VINDICATION

Language, too, is a concern of Vic Reid in all his novels seeking to evoke Maroon society. But in *The Jamaicans*[19] that depicts the political history of the black community in that moment between colonialisms, the language he invents is to communicate the Hispanic influence that the Africans have acquired at the time of the English capture, 1655. "Our people spoke the tongues of Africa, then we unlearnt it, and spoke the tongue of Spain" [p. 192]. However, the unlearning is rather severe, for it renders the dialogue devoid of the African cultural patterns as well as the semantic and syntactical, even as it captures well the Spanish influence. Spanish words are interspersed with the English to remind us that they are speaking in Spanish, proverbs when used are drawn from the Hispanic, not African heritage -- even old Miguel, the most African in identity, is given several Spanish proverbs such as "Sometimes flawless apples fall from trees" [p.203], while the author consciously gives another European reference to Juan Lubola: "They would not be obliged to, as in the Spanish saying, ask for a castle and hurrah a hollow oak". Acculturation extends to mannerism: "and he spat sideways in the Spanish style" [p.96], or even to the shell of an African survival in the griot now called Poet, Wamba, whose recollections are largely confined to the history of the African in Jamaica. Amazingly, the cutting down of a cotton-tree and the building of a canoe from it are described without any reference to propitiatory rituals [pp.226--27]. Even Sherlock's tangential novel gives a more culturally authentic description of this process.

Reid has not yet jumped the ocean as he will in the subsequent *Nanny Town*. His Maroons are largely de-rooted: "Our ancestors changed their language, their customs, their religions, to those of the Spaniards to survive and build this land which we now defend . . ." [pp. 227--28]. But it is difficult to account for such total and historically inaccurate cultural amnesia.

However, the absence of Africa is to some extent consistent with the overriding objective of the novel, as implicit in its title: to assert the creation of a new identity. At times even the language seeks to do this, as in novel comparisons: "He had been no higher than a pup to a Vere bull" [p. 227]; but mainly this identity develops on the polemical/conceptual level. We have, for example, a debate amongst the members of the black *audiencia* where three alternative identities are pointed: "Pablo looks through Spain, to Jamaica . . . I look through Africa for the Soul of Jamaica. . . . Does Juan Lubola look through the Cromwells from England for the Soul of Jamaica?" [p. 89]. These are countered by a vision of "a Jamaican Jamaica" [p. 90] which is ultimately ascribed to Juan Lubola.

Juan de Bolas (Lubola) is a figure whom many have written off as a traitor to the black cause for his deserting the Spaniards and siding with the British at the time of the capture. Even today, in Maroon accounts as evidenced in Mann Rowe of Accompong, this image persists. "Juan de Bolas turn agiens de Maroon innocents and cling to de whites"[20] and he is derogatorily labelled 'nigger' as a black man siding with whites. Notably, even Reid in his 1949 novel, *New Day,* makes passing reference to Lubola as traitor [p. 119]. But it is clear that over the intervening years Reid has re-thought this received label and imagines the dilemma confronting the black population at the time of the intra-imperial transfer of power. His novel therefore expands on this, showing the division of identity and support between those led by Pablo who remain 'loyal' to the Spanish and the quest by Lubola for a path between the two: "Whoever it sets or rises on, Spaniard or English dog, we will be the Jamaicans" [p. 129]. The novelist elevates Lubola's patriotism to teluric levels in the preparations for the Rio Nuevo battle, where Juan is stretched out on the ground.

"He had an illusion he held all the land to him, from Negril to Morant, and with it, the old fierce longing to bury his face in all the valleys, to wrap his forearms around the mountains, to let the rivers flow through his veins, and the wind to cry wildly from him. The grass, rubbing in the light wind, said Jamaica, Jamaica . . ." [p. 134]. This quest for independence and survival rests on a capacity to adapt to new surroundings, and Reid communicates this poetically through the bluefish that is capable of adapting from sea to fresh-water [p. 225], or the cotton-wood that adapts to becoming a boat [p. 228]. Historically, a lesson is drawn from the Arawaks who "had not held their strength. The Africans had" [p. 226].

So Juan enters into a pact with the English, but even there, Reid shows the conditional terms: "*Final point,* you tell the Englishman that, nevertheless, we will remain Jamaicans. We will be English only when we fight under his flag" [p. 234]. The intransigent 'purity' of Pablo leads to the ultimate, inexorable clash between these two representatives of differing alternatives. Reid, through the authority of Old Miguel, vindicates Lubola against the label of traitor given by Pablo: "Juan Lubola is not a traitor. His opinion differs from yours. That is all." The novelist does not, however, seek to condemn either – both sides are impelled by their genuine convictions. Their death becomes almost a ritual in the creation of this identity, as Kedela, Juan's woman, rejects the idea of taking the bodies to the mountain for burial: "Bury them here – we are Treaty People! We earned the right to bury them in the open on the plain" [p. 265]. The novelist's vindication continues symbolically with Kedela pregnant with Lubola's child saying in the final words of the novel: "Move him into the sun", the girl said. "That's where he belongs" [p. 266].

With *Nanny Town*[21], Reid accomplishes what was lacking in *The Jamaicans* -- an organically communicated sense of an African identity at the heart of Maroon--and--Jamaican--life. The format itself utilizes this heritage in the skillful use of a Griot's tale of his own Learning at the hands of the older griot, Kishee. Time and again the cultural continuities and history of the Old Country is transmitted through this device, quite in contrast with the Poet Wamba of the earlier novel. The language itself, semantically, syntactically and poetically evokes an African tradition. However, Reid sees history as dynamic and culture as constant adaptation: "These days, only a few of you pikni learners know many words in the Spanish and African languages. Let that be. *No day should be as the one before*" [p. 66]. While Akan culture is a repeated point of reference, there is the forging of a Pan-African identity. "But", as Nanny said in the Learnings, "it does not matter where we come from; it matters that we are here. Ashanti or Ibo-O, Hausa, Fulani or Fanti-O, we all went aboard the same boat and must travel together" [p. 95]. This is expanded to a greater pluralism later in the novel when Kishee is testing the young griot: "He wanted me always to seek the truth. Africa was not the only land from which our people sprang. Some came, and perhaps would come, from some, or all, of the lands he had named" [p. 164].

The Griot's narration operates at various levels: it tells the story of the Maroons up to the Peace Treaty, it recalls the cultural heritage of Africa and it presents the development of the speaker even as it delineates the major characters and conflicts within the society of the Portland Maroons. We are given descriptions of the battle over Nanny Town, turned into a "sling-shot town", a "stone to stone the enemy" reflecting the guerilla tactics, falling back to strike harder, "going into Refuge". We follow the development of the younger generation through the challenge and adventure of their Long Journey for help to Kojo's Maroons in the Cockpit Country, and the emphasis on community and solidarity. After the Long Journey, Nanny decides on increased contacts between the Maroon villages. "And in this way, my children of Nanny-Town, we will forge such a chain on all the mountains, that will hold the English like a check-rein on a wild horse! For, truly then, *all the mountains will be ours!*" "*The mountains are ours!* came the Maroon rally cry in a mighty shout" [p. 251]. It is a tale, too, of internal conflict through the personality of the skilled but individualistic hunter, Gato del Sol, who finally breaks Nanny's laws to unilateral vengeance on the white prisoners. His struggle with Kishee reflects the struggle of anarchy over respect for community. Just as there must be unity between the communities to combat the British, so within the community submerging of egotism is demanded for survival. It is a moral and political value reminiscent of *Black Albino*.

Above all, the novel is a celebration of Nanny as symbol of that survival and independence. It is not mere coincidence that she had been declared a National Heroine in 1975 shortly before Reid wrote the novel. Reid communicates the matriarchal, majestic authority of Nanny in a multiplicity of episodes, descriptions and opinions. For example, in a community assembly, she allays the Maroon fears of the approaching soldiers: "*Kibber*, children. Rest your hearts and minds. I your Queen and Mother have borne you, and I, your Nanny, will carry you to safety. Rest, and listen" [p. 53]. After the battle, she is equally the rallying point and embodiment of the people's self-confidence:

> And clear as a bell came her voice. 'Call the Children home-O!
> Call the Children home!' And we saw her in the light of the
> fires. We saw her standing straight, tall and proud on the Asafu
> Stone, her hands upraised, painted by the firelight. 'The moun-
> tains are ours, Englishmen-O!' It was her very own battle cry and
> our soldiers shouted it back at her and to the Englishmen [p.77].

Nanny is also the focus of religious faith as she dances the Kumina and Myal dances of life and strife respectively for her people:

"We watched in awe as she whirled until the cloak seemed to take to its own wings and Nanny was flying, soaring and calling to us, her children, to join her in celebrating that we were a special people whom the canons and muskets of the English could do no harm" [p. 57].

The evocation of Nanny also occurs in the play *Nana Yah*[22], written by Jean Small in collaboration with the Sistren Theatre Collective in 1980. The new dimension here is that, beyond the tableaux re-enactments of Nanny's history of resistance and maronage, there is the connecting with the contemporary socio-political reality. In the introductory scene the story-teller, after the celebratory epithets for Nanny, explains:

> Fa Nanny talk to me
> an Nanny worried
> fe she black man an oman ah suffer
> Fa Ashanti people no fool
> dem fight like porcupine   [p. 2]

The story-teller continues this linkage between past and present, where the present oppression calls for Nanny's spirit to be emulated: "NANNY a fe we hero, fah she do wha plenty odda people never do, an me wan you fe know say, jus like how NANNY dwit, you can dwit too" [p. 21]. This is the core message of the play, which elsewhere connects Maroon resistance with contemporary guerilla fighters and revolution. For the first time, more than the glorying in the history of resistance that the Maroons so frequently have symbolized in literature, there is the Maroon as director for the contemporary struggles in a revolutionary way. It is in this sense that the observation of the Cuban researcher, Rafael Duharte holds validity: "En Jamaica, Guadalupe, Dominica, Granada, Curazao, Surinam y Guyana, sin embargo, todo esfuerzo de reafirmación nacional, necesariamente buscará sus raices nacionales y allí encontrará al cimarrón, pues en estos países el cimarrón no es historia aun sino política"[23].

There is a certain confidence in Duharte's paper that this currency does not apply to Cuba. Certainly this is a view artistically stated in Nancy Morejón's poem, "Mujer negra"[24], which traces a path of fulfillment for the Afro-Cuban from the refuge to the Revolution:

> mi real independencia fue el palenque
> para acabar con capitales y usureros
> con generales y burgueses
> Ahora soy: solo hoy tenemos y creamos [p. 20]

But has that Maroon culture been adequately secured in its full historical dimension through Cuban literature? The material we have analyzed so far would indicate not. There is, however, a work that won the national Novel Prize (UNEAC) in 1975, *Los guerrilleros negros*[25], which in fact could be regarded as the first, and so far only, Cuban novel on the palenques.

In this novel, Cesar Leante loosely follows the historical events surrounding the Palenque del Frijol (El Gran Palenque) in the early nineteenth century: its fame and its destruction. Unfortunately, there is too much of the sociological and historian's narrative, not enough of an artistic recreation and invention, so that there is not much sense of a cultural dynamism in palenque life, unlike the richness of *Nanny Town*. There is short-lived, underdeveloped reference to El Gran Palenque being like a shining African village, but statement does not become organic expression. There is an almost total absence of dialogue, as the author narrates in third person monotone.

While the novel deals with the quest for freedom, so much is presented from the perspective of the Spaniards that could have been shown from the Maroon point of view. It is the Spaniards' perception of attacks, of battles, of the attack on Sigua palenque or later, the Gran Palenque that we get.

Leante spends eight pages on the arrival of the new Captain General in Cuba. For a genuine sense of the Maroon viewpoint and life patterns, this is truly the wrong approach and leads us back to the dominant European perception.

Like Reid in *The Jamaicans*, Leante is interested in projecting a patriotic spirit that can broaden into a nationalist movement. Beyond the quest for freedom from slavery is this goal: "Desconocía la palabra patria, pero de haberla conocido quizás esto habría sido el término que aplicará a sus sentimientos" [p. 11] is the response to an identity with the natural environment -- a necessary condition for maronage in much of the literature examined. This develops more precisely: "Esta era su tierra, su suelo, su país y tenían derecho como el que más a vivir aquí en igualdad de situación con el blanco. Los negros no debían pensar en volver al Africa como los blancos no pensaban en regresar a España -- sino en ser hombres libres y respetados en Cuba" [p. 44]. Later, when black and white leaders of the Gran Palenque die: "su recuerdo vivía, el recuerdo de dos hombres extraordinarios, negro y antiguo esclavo el uno, blanco y sacerdote justo el otro, hermanados en la muerte como hermanados habían estado en vida, luchando apasionadamente por un mismo ideal" [p.145]. However, what dominates is the black desire for freedom as an immediate need. It is the quest for this goal that reveals the heroic and revolutionary nature as well as shortcomings of the Maroon characters.

Through the principal character, Ventura, later to become the Maroon chief, Coba, we get the articulation of both the suffering and oppression as well as the strength and courage of the African. While he obtains through the old Quiala a sense of the dignity of the race through memories of the past, he is impelled to a dignity of the future through action by the Maroon Tomás. Refuge for Ventura will not be regressive: "Pero en Ventura había una ansia incontenible de expansión" [p. 39]. A similar grandeur of scope is shared by Tomás, leader of the Sigua palenque, whose aim is like the Jamaican Maroons: "Su estancia en las montañas era sólo un medio de lucha para alcanzar la libertad. Hostigando a los amos, atacando sus propiedades, probandoles que jamás lograrían desalojarlos de sus palenques, los forzarían a pactar con ellos" [p. 40]. This ambition gains ground when Ventura joins the Gran Palenque, and despite the setback of its destruction (reminiscent of Nanny Town where it was abandoned as a mocking guerilla tactic), Ventura/Coba continues in this quest with contacts with the new Haitian nation under Christophe. As intense as his admiration for rebellion is Coba's scorn for those who make no effort to free themselves. However, it is this pacting with the enemy that leads to internal divisions and to Coba's death. Again, one recalls the dilemma expressed in *The Jamaicans*, for some of the lesser chiefs are attracted to the offer of a Treaty by the Spaniards (freedom in exchange for labour and preventing runaways), while others oppose it. The effect is division in the ranks – a division avoided by Nanny and Kojo in *Nanny Town.* Ventura's weak point of pride emerges as responsible for the continued failures of communication and consolidation vital for preservation of the palenques. Too late he is made to realize his errors and seek reconciliation with his friend Gallo and again, his impetuousity and incaution lead to his entrapment by an enemy party.

There is grandeur in Coba's final act: rather than return to slavery, he commits suicide by leaping into the river. Leante uses his death as a vindication of his life of resistance, and the final episode moves to the level of symbolism, where Coba's head, displayed by the Spaniards to frighten and demoralize the blacks, has the opposite effect -- rather like Mackandal's execution in Carpentier's novel. Indeed, there is a Carpenterian effect in the hallucination experienced surrealistically by the Spanish Governor in his supposed moment of triumph at Coba's death and in the midst of the authority and grandeur of his mansion, there is a crescendo of drums beseiging his ears while his eyes keep seeing the decapitated Coba. Like Christophe before Breille's ghost and the voodoo drums at Sans Souci in *El reino de este mundo,* the Governor's authority crumbles symbolically and prophetically, while Coba endures through the song of the drum: survival through maronage.

The novel of course reflects the historical limitation of the palenques of Cuba, that never achieved a peace and official recognition of autonomy and so had to live in constant struggle for these rights. In contrast, the Jamaican Maroon communities were able to develop. And yet, the Jamaican novels deal largely with the struggle, not with life after autonomy. Leante has achieved the reflection of the historical political significance of maronage in Cuba, but he has thrown away a chance to also rescue the cultural dimensions of that experience. One understands that another Cuban, Raul Ibarra Parlade, is working on a novel on El gran palenque. Hopefully, this may fill that void since, as we have seen in much of this study, perceptions of the past are a product of the dialectics of the present of the writer.

FOOTNOTES

[1] Edward Kamau Brathwaite, *Wars of Respect*, (Kingston: A.P.I., 1977).

[2] Cirilo Villaverde, *Diario del rancheador*, (Havana: Letras cubanas, 1982).

[3] Tom Redcam, *Orange Valley and Other Poems*, (Kingston: Pioneer Press, 1951).

[4] S.A.G. Taylor, *Pages From Our Past*, (Kingston: Pioneer Press, 1954), pp. 151–69.

[5] José Antonio Ramos, *Caniquí*, (Havana: Ed. Arte y Literatura, 1975).

[6] F.J. Duquesnay, "Plato, Black Sultan of the Hills", *Jamaica Journal*, Vol.7, Nos.1–2 (1973), pp. 53–57.

[7] Alejo Carpentier, *Guerra del tiempo*, (Barcelona: Barral Editores, 1971), pp. 101–20.

[8] Alejo Carpentier, *El reino de este mundo*, (Barcelona: Seix Barral, 1974).

[9] Phillip Sherlock, *Three Finger Jack's Treasure*, (Kingston: Jamaica Publishing House, 1969).

[10] In *New Day* (Kingston: Sangsters/Heinemann, 1970), Vic Reid explains the notorious involvement of the Maroons against Bogle's men in 1865: "They play safe on the stronger side sir" [p.149]. Literature tends to minimize and overlook these negative aspects, including the fact that Maroons actually had slaves (See Carey, *Jamaica Journal*).

[11] Alma Norman, *Ballads for Jamaicans* ([Kingston], 1964). Interestingly, though marginal to the focus of this study, Eyre examines Jack Mansong – historical, legendary and literary character – and reveals the existence of some 20 novels written in England on his story around the start of the nineteenth century. Eyre indicates that most of these novels took a sympathetic attitude towards Jack as an effective symbol in the anti-slavery movement, and that many were published by missionary-connected sources. "The idea of a gallant and chivalrous ex-slave fighting the whole colonial-slavery system *single-handed* had great appeal to the anti-slavery movement" [L. Alan Eyre, "Jack Mansong, Bloodshed or Brotherhood", *Jamaica Journal*, Vol.7, No.4 (December 1973), pp.9–14]. In this same issue of *Jamaica Journal*, there is an article on another example of the Maroon in the European novel, this time a German, Anna Seghers, whose 1961 novel is based heavily on Dallas' *History of the Maroons* for contextual situations. Seghers is seen by some critics to be seeking a novelistic paradigm of the national liberation struggles [Eckhard Breitinger, "Das licht auf

dem galgen – A German Marxist author on Jamaican history", *Jamaica Journal*, Vol.7, No.4, pp. 5–8].

[12] Phyllis Cousins, *Queen of the Mountains* (London : Ginn & Co., 1967).

[13] Yet even history books of the late sixties express these doubts and fears, as in the case of Carey Robinson's *Fighting Maroons of Jamaica* (Kingston: ·Collins & Sangster, 1971), where he questions the very existence of Nanny and is obviously very conscious of a stigma associated with the Maroons as traitors by having in their Treaty agreed to hunt down and return subsequent runaways. Robinson tries to avoid idealism and give the dilemma of the Maroon position, but he becomes ironically derogatory in his apologia: "They were in fact an illiterate, unsophisticated people who were almost completely at the mercy of the colonial administrators when negotiating treaties" [p. 10].

[14] V.S. Reid, *The Young Warriors*, (London: Longmans, 1967).

[15] Edwigis Barroso, *Yan el cimarron*, (Havana: Ed Gente Nueva, 1984).

[16] Miguel Barnet, *Biografía de un cimarrón*, (Havana: Letras cubanas, 1980).

[17] Milton McFarlane, *Cudjoe the Maroon*, (London: Allison & Busby, 1977).

[18] Namba Roy, *Black Albino*, (London: New Literature, 1961).

[19] Victor Stafford Reid, *The Jamaicans*, (Kingston: Institute of Jamaica, 1978).

[20] Laura Tanna, *Jamaican Folk Tales and Oral Histories*, (Kingston: Institute of Jamaica, 1984).

[21] Vic Reid, *Nanny Town*, (Kingston: Jamaica Publishing House, 1983).

[22] Jean Small *et al.*, *Nana Yah*, (Kingston: unpublished manuscript, 1980).

[23] Rafael Duharte Jimenez, "El cimarrón, símbolo revolucionario del Caribe contemporáneo", *Del Caribe* suplemento, (Encuentro de intelectuales antimperialistas del Caribe, "Maurice Bishop in memoriam"), October 1984, pp. 1–16.

[24] Nancy Morejón, *Parajes de una época*, (Havana: Letras cubanas, 1979), pp. 18–20.

[25] Cesar Leante, *Los guerilleros negros*, (Mexico: Siglo XXI, 1979).

BIBLIOGRAPHY

BRATHWAITE, EDWARD K.,   "The African Presence in Caribbean Literature",
Daedalus, 103, No.2 (Spring, 1974), pp.73-109.

CAREY, BEVERLY,   "The Windward Maroons After the Peace Treaty",
Jamaica Journal, 4, No.4 (1970), pp. 19–22.

GABINO, La ROSA,   "El apalencamiento", *Bohemia*, 10 August 1984, pp.
82–89.

————————, "Elementos para la reconstrucción histórica de los palenques", *Bohemia*, 17 August 1984, pp. 84–89.

HALL-ALLEYNE, BEVERLY,   "Asante Kotoko: The Maroons of Jamaica",
African Caribbean Institute of Jamaica Newsletter, No.7 (March 1982),
pp. 3–40.

MORRIS, MERVYN,   "Strange Picni – Namba Roy's *Black Albino*", *Jamaica Journal*, 17, No.1 (1984), pp. 24–27.

————————, "Nanny Town", *Jamaica Journal*, 17, No.2 (1984), pp. 46-48.

RAMCHAND, KENNETH,   *The West Indian Novel and Its Background*, London: Faber & Faber, 1970, pp. 149–54.

2

The Caribbean Experience in the Poetry of Mervyn Morris and Pedro Mir

Sheila Carter
University of the West Indies
Mona

Literary critics such as Gabriel Coulthard,[1] José Antonio Portuondo[2] and Jorge Mañach[3] have cogitated upon the existence of a Caribbean literature. Can we speak of *Caribbean* poetry, or is there rather the poetry of the English-, the Spanish-, the French- and Dutch-speaking Caribbean? Concerning this issue, Coulthard affirmed:

> Whatever concept writers may hold of themselves,
> the critic who takes a broad view of writing in
> the Caribbean cannot escape the conclusion that
> there is an air of similarity about much of it.
> This is obviously due to some extent to the
> similarity of the historical background and
> human environment, to the flora and fauna, to
> the very landscape and climatic condition.[4]

This paper will examine the poetry of two Caribbean writers, Jamaican Mervyn Morris of the Anglophone Caribbean, and Dominican Pedro Mir, of the Spanish-speaking Caribbean, in an attempt to determine if we can justifiably speak of *Caribbean* poetry. Do these poets, despite language differences, deal with a common *Caribbean* experience?

Many writers of the anglophone Caribbean treat landscape as theme, and as one of the principal sources of imagistic expression. George Lamming, in referring to Caribbean novelists, speaks of "the very landscape which is the raw material of their books",[5] and concerning West Indian poetry, Lloyd Brown sees landscape as:

a mirror of the poet's conviction that there is
a distinctive West Indian history and identity.
Simultaneously that transformed landscape becomes
a West Indian reflection of private feeling
and universally shared perception.[6]

The West Indian atmosphere pervades the poetry of Mervyn Morris and
Pedro Mir. We see the experience of various aspects of the Caribbean natural environment recreated, as it is recalled nostalgically from abroad, as well
as the portrayal of the direct sensation of life in the local setting.

In "West Indian Love-Song",[7] Morris deftly employs visual and water
imagery to picture the distance between him, in England, and his loved one
in the Caribbean. Sea imagery which is used throughout the poetry of Morris
and Mir appears in the first couplet of each stanza of the poem:

The moon begat our love
the moon on the sea.

. . . .
The sea frustrates our love
dissolves my life

. . . .
And to regain my love
I'll ride the sea.

There is an incredible similarity of imagery and thought pattern of this
poem and a love poem of Pedro Mir, from his *Poemas de buen amor y a
veces de fantasía*,[8] in which the distant lover depicts the same obliterating
effect of water on the love experience:

Mejor es que la lluvia
borre nuestro recuerdo
y un adiós y unas lágrimas
nos lluevan desde lejos

Moreover, an almost identical imagistic presentation of "riding the sea"
appears as a motif in Mir's "Autorretrato"[9]. The poem begins:

Las sombras que navegan vagan
bogan
entre los seres como buques extenuados

The counterpointing of the rhythm, produced by the repetitive open
vowel sound, with the meaning creates the sensation of the riding of waves.
In this poem, Mir parallels this sensation with the insecure condition of the
Caribbean individual in his society, as well as with the geographical situation
of the islands in the Caribbean Basin. Morris, in "Mariners" [P.45], uses

a similar rhythm to create a poem of a content akin to that of "Autorretrato":

MARINERS

Who are
the night-cruisers
slicing through dark
dim on the foredeck
scanning for shark

We are the sea-fearers
sick in the deep
bilious in daylight
troubled asleep

We are the sea-searchers
sailing the night
keen in the darkness
fish-eyed in light

The continuous run-on lines which form the three sentences of which the unpunctuated poem is constructed, fused with the repetitious end-rhymes, produces a distinct sensation of movement like that of boats "slicing through the dark". The title slides smoothly into the first stanza permitting the poem to work on two levels; for this stanza which paints a vivid picture of seafarers or night-cruisers, simultaneously questions the identity of these, and, as in Mir's "Autorretrato", stanzas two and three present them now as sea-fearers, deeply troubled, symbolic of Caribbean man in his constant fearsome quest for identity. Again, in Morris' "Outing" [P.26], we have the depiction of the rise and fall of waves:

That curious thirst for detail swells
in waves the teachers rise
like undertakers
and descend the cold stone steps.

Here the poet skillfully uses *waves* to *connote* both the rising curiosity of the teachers to discover the details of the schoolboy's drowning and the group of teachers.

Mir's "Dominí"[10] and "Balada del exiliado" [V, 73], present the exiled West Indian nostalgically recreating his experience of facets of his country's landscape. Pathetic fallacy is used to show how he sees his pain and solitude in the aspect of his homeland:

En tu peñón solitario
lleno de olvido y dolor
estrictamente salario
perpetuamente sudor

En tu girón de archipiélago
ron y cañaveral
chupado por el murciélago
numeroso del central.

. . . .

Dominí, no estás tan solo
no estás solo, Dominí
Del ecuador hasta el polo
el mundo lucha por ti.

("Domini", 33)

The poet conveys, through the use of the familiar form and the epithet, the deeply-felt love for country. Constantly, references are made throughout the poem to typical features of the Dominican topography (*peñón, islote, río*), to its flora and fauna (*cañaveral, murciélago*), and to the hardships experienced by her people (*lleno de olvido y dolor, sudor, llena de angustias agrarias, golpes, noches amargas*). The rhythmic unity of the work, produced by the a b a b rhyme scheme and the dominance of nine-syllabled lines, is suggestive of the oneness the poet feels with his country, so that he sees his distress as analogous to that of his Caribbean island.

"Balada del exiliado" [*V*, 75] similarly recalls the environmental experience of the Caribbean landscape. This is a very personal poem in which the exile's homesickness is reflected in his emotional posture – he enumerates aspects of the natural scenery as he begs to have his homeland returned to him:

Desde el borde **bravío donde ocurre otra luz**
distante

.. ..

pido que me devuelvan mis bahías
mis golpeantes
penínsulas
mis cuatro cordilleras
mis ciudades descalzas por el campo
mis provincias de polvo y de arena

Pido mi pequeña República en relieve
derivada de la caña de azucar
rica en granos
cristalinos de ausencia

Reclamo mis colinas mis bosques mis cañadas

The supplicatory stance forms an essential part of the medium of this long, unpunctuated poem, suggestive of a drawn-out, deeply-felt plea. This is further indicated by the repetition of *pido* and *reclamo*. *Distante* and *cris-*

talinos de ausencia stand eloquently alone, thereby emphasizing the nostalgia for the distant homeland. The repetition of:

mis cuatro cordilleras
mis ciudades . . .
mis provincias . . .

graphically describes the yearning for direct experience of the Caribbean landscape. The poem ends with a nationalistic cry of:

Pido lo que más me pertenece
mi patria

and the final lines show that absence can serve to heighten the feeling of being profoundly rooted in the Caribbean soil:

por su dolor y el mío
por su sangre y mi sangre
por su ausencia y mi ausencia
yo cantando baladas por tierras del exilio
ella en cristales de azúcar por playas extranjeras.

Such essential features of the Caribbean landscape as its boats and beaches find expression in the poetry of Morris and Mir. In "Dominí", for example, Mir likens the loneliness of his country and himself to that of a boat floating alone on a windless day:

solo como un galeote
solo y sin brisa quizá

In "Family Pictures" [P. 35], Morris employs a similar sea image, with positive connotations to depict the yearning to find a place of quiet solitude:

. . . where
the fishing boats are empty
on the beach

An image which typifies West Indian literature which is inevitably employed by Morris and Mir is that of the journey, and each brings a fresh perception to this traditional portraiture. In "Rasta Reggae" [P. 18], there is the allusion to the journey from and the desire to return to Africa:

Out of that pain
that bondage
heavy heavy sounds
our brothers weary march
our shackled trip

a joyful horn takes off
to freedom time
remembered and foretold

Release I brother let me go
let my people go
home to Ethiopia
in the mind

Morris makes an effective play on "heavy heavy sounds" which simultaneously refers to the music of the Mystic Revelation of Rastafari and alludes to the
sounds of the chains of the "brothers" in bondage. The rhythm produced
by the repetition also conveys the sensation of the weary march. But Morris'
poem shows that the journey to freedom can be achieved through an aesthetic experience, through Caribbean man's experience of reggae music, so
that the journey becomes an unshackling of the mind. In the final stanza,
the poet unites himself with his African brothers both spiritually and in
the shared creative, aesthetic experience. Pedro Mir's poetry is characterized
mainly by its political focus and it lacks the introspective quality which is
present in much of Morris' verse, and which invests the journey motif with
a novel mode of expression. This is a journey into self-scrutiny which we
see in such poems of *The Pond*, as "Journey into the Interior", "Satirist" and
"The Forest".

In "The Forest" [*P*. 39], we are invited to leave the certainty of the
too-plain, sun-lit world and

Come; into the forest
where the leaves are damp,
where no bird sings. Come
flee the sunlit safety of the shore.
Deep in the forest where the air is dank
embrace the gracious maggot in the mind.
The bright boat burns on the beach.

Features of the tropical landscape and its flora and fauna form the imagistic expression which accompanies this journey to "embrace the gracious
maggot in the mind". The initial "Come", stopped, separated from the rest
of the line, mandatory in tone, arrests the reader's attention as he is directed, by the careful juxtaposition of the opposites "the sunlit safety of the
shore" and "the forest where the leaves are damp. . .", along this odyssey.
The first two stanzas, in regular iambic pentametric lines, contrast the safe
environment with the unfamiliar one. Then the final stanza, quoted above,
identifies the destination of the journey to which the reader is led by the
use of run-on lines.

This same concept is expressed in "Journey into the Interior" [*P*. 40].
For the poet once again is involved in self-scrutiny:

Stumbling down his own oesophagus
he thought he'd check his vitals out.

Lloyd Brown, commenting on this facet of Morris' poetry, states: "the decidedly individualistic rather than group orientation of Morris' art needs to be viewed in the light of his continuous preoccupation with the private worlds within the individual's private self".[11]

Yet, there are clear echoes of this journey into self in Caribbean man's characteristic journey towards the discovery of self. This posture forms an essential point of contrast between this aspect of Mervyn Morris' employment of the journey motif and the way in which it is expressed in the poetry of Pedro Mir. In his book of poems entitled *Viaje a la muchedumbre*, Mir's journey is one from the individual toward the masses. In his major poems, Mir identifies himself with the masses of the entire Caribbean area, and Latin America, through their shared experience of struggle and exploitation. As a committed artist, Mir is concerned with using his poetry as a vehicle for explaining to his countrymen the peculiarities and exigencies of the Caribbean experience, particularly that aspect of it which relates to struggle and exploitation. He is directly acquainted with his audience, for his poetic recitals are attended by large crowds. Says Jaime Labastida:

> ... los recitales de Mir son, por decirlo así,
> verdaderos mítines a los que acuden cinco o seis
> mil personas, la mayor parte estudiantes, campesinos
> y obreros ... interpreta cabalmente los sentimientos
> populares, y ... su pueblo responde como a muy
> escasos poetas ...[12]

Pedro Mir's concept of fatherland (*patria*) illustrates how he acknowledges himself as a participant in the Caribbean's struggle to free itself from exploitation. In "Andante" as in "Balada del exiliado" and "Dominí" [*V*, 119], Mir identifies Santo Domingo as his fatherland:

> ... la isla de Santo
> Domingo ... denominada en el Mar Caribe
>   cálidamente
> patria mía.

But Mir sees himself, moreover, as a Caribbean man – an Antillian, as he specifically states in "Contracanto a Walt Whitman" [*V*, 37]:

> Yo,
>   un hijo del Caribe,
> precisamente antillano.

Presenting himself as a Caribbean Walt Whitman, Mir points out that the principles of freedom, ownership, equal rights and human dignity constitute *patria*. He shows how the word *yo*, with emphasis on the individual, will become *nosotros*, as he and all Caribbean and Latin American peoples are united by common experiences of hard work, low wages, misery and oppression:

... Por los campos de Haiti y los rumbos de Venezuela
En plena Guatemala con su joven espiga
En Costa Rica y en Panamá
En Bolivia, en Jamaica y dondequiera,
dondequiera que un hombre de trabajo
se trague la sonrisa,
se muerde la mirada
escupa la garganta silenciosa
en la faz del fusil y del jornal.

The ubiquitous *yo* of the first part of the poem is replaced by *nosotros* in the second part, a strategy which effectively portrays the journey from the self to the masses. The two-fold use of enumeration, to indicate location as well as various types of suffering, brings into sharp focus the pervasive nature of suffering throughout the Caribbean area. This perception is further enhanced by the position and repetition of *dondequiera*. Indeed, form and content are deftly fused as the laborious reading demanded by the long lines, with explosive consonants and alliterated words, is indicative of suffering resulting from the denial of adequate pay for hard work.

A further dimension of Mir's concept of fatherland is his view that it is the most inviolable right of ownership and, inherent in this right, is the respect for the rights of others which serves to unite peoples:

la patria
es el derecho de propiedad más inviolable

This opinion is shared by Morris who has expressed it in this way:

Nothing is more important in nationalism than the feeling of
ownership. The definitions may be of intellectual interest but
they cannot hold a nation together. The important thing about
the West Indies, or Jamaica, is that it is ours. We need now to
persuade all our people that this is really so.[13]

It is in Mir's poem, emphatically entitled "Si alguien quiere saber cuál es mi patria" [V, 19], that his concept of *patria* is most clearly enunciated. He shows that one should not look for the fatherland in a specific location, because *patria* is something one struggles to achieve, for it is, in essence, freedom from oppression. The poet uses such words as *común, familia, recorre, mismo* and *nuestro* to emphasize these common experiences of struggle and suffering which unite Caribbean peoples:

Un aroma común, un aire justo
de familia recorre nuestros ángeles
nuestros fusiles, nuestras metonimías ...
melancolías de nuestras tierras crían
los mismos sudores, los mismos ademanes
y la misma garra sangrienta y conocida.

In their work, both Pedro Mir and Mervyn Morris protest against the oppression which Caribbean peoples have suffered and still continue to experience today. Their work, therefore, continues the protest tradition which is exemplified in the poetry of such writers as Claude McKay, Martin Carter, and Edward Brathwaite - of the English-speaking Caribbean, and Nicolás Guillén, Palés Matos and Manuel del Cabral - of the Spanish-speaking Caribbean. The protest poems of Morris and Mir are imbued with a feeling of community, as the poets address a collective experience, for they speak of the heritage of struggle and revolution which has been endured by the peoples of the Caribbean.

Morris' "To An Expatriate Friend" [P, 14] depicts the hurt experienced by a black man when he sees a white friend to whom "colour meant nothing" and "categories of skin were foreign", in difficult circumstances, choose the path of escape rather than offer support in the struggle. In crisis, the apparent colour-blindness is converted into discrimination. Morris shows how the shackles of slavery were replaced by racial ones during the Black Power struggle:

> And then the revolution. Black
> and loud the horns of anger blew
> against the long oppression; sufferers
> cast off the precious values of the few.
>
> New powers re-enslaved us all:
> each person manacled in skin, in race.
> You could not wear your paid-up dues;
> the keen discriminators typed your face.
>
> The future darkening, you thought it time
> to say goodbye. It may be you were right.
> It hurt to see you go; but, more,
> it hurt to see you slowly going white.

The excellently structured "I am The Man" [P, 15] marries content with form to loudly affirm self in the face of oppression. In each of the four stanzas, the affirmative "I am the man" is anaphorically repeated with stanzas one, two and four ending with the mandatory "Follow me now", "Hear me now", "Study me now". The final line of stanza three starkly exposes the oppressed's dispossession. The poet visually portrays how continuous, ponderous oppression leads to violence on the part of the downtrodden. Unstopped by punctuation, the poem forms one vehement shout of:

> I am the man that build his house on shit
> I am the man that watch you bulldoze it
> I am the man of no fixed address
> Follow me now

I am the man that have no job
I am the man that have no vote
I am the man that have no voice
Hear me now

I am the man that have no name
I am the man that have no home
I am the man that have no hope
Nothing is mine

I am the man that file the knife
I am the man that make the bomb
I am the man that grab the gun
Study me now

The repetitious insistence of "I am the man . . ." serves to enumerate the causes of distress as well as to depict the constant necessity for self-affirmation, while the downward direction of the "I" and the mandatory "Follow me now" show the inevitability of "file the knife", "make the bomb", "grab the gun". Moreover, the use of dialect suggests that not only has the oppressed been deprived of a job, a vote, a voice, an identity, a home and a hope; he has been denied the right of an adequate education.

Pedro Mir's "Meditación a orillas de la tarde" [*V*, 89] is given a very apt setting of the persona looking across the immense Caribbean sea, as he meditates on the experience of its people. He sees oppression, poverty and hunger throughout the region, and comments on the consequent need for a united struggle:

Flacos, poseídos, pobres
y gesticulantes, sin saber de qué agria disciplina
nos procede esta marca y esta lucha, pero juntos.

Mir's long poem "Hay un país en el mundo" highlights the poverty of the Dominican peasant:

Hay
un país en el mundo
donde un campesino breve,
seco y agrio
muere y muerde
descalzo
su polvo derruido,
y la tierra no alcanza para su bronca muerte.

The sparcity of words in this section of the poem pictures the insufficiency of the peasant's land which, the poet tells us — hyberbolically — "is not large enough for his grave". The "Hay", insular in its position, emphasizes the existence of this place of poverty. In pronunciation (with its unaspirated *h*) it also suggests the agonizing cry of the anguished Caribbean peasant. Very expressive adjectives are used to describe the peasant – *breve, seco, agrio, descalzo*, by which his poverty is identified with, and shown to be descriptive of, the infertile land which is merely "polvo". The muere/ muerde combination lays stress on the fatal effects of poverty. In another section of this poem which is protean in form, Mir, to convey the painful constancy of the experience, employs regular hendecasyllabic lines in four quartets with the refrain:

> los campesinos no tienen tierra

The section ends emphatically:

> No tienen paz entre las pestañas
> No tienen tierra no tienen tierra.

Mervyn Morris' "Rasta Reggae" [*P*, 18] to which we have previously referred, shows how the Rastafarians, through music, launch a quiet protest against oppression:

> A joyful horn takes off
> to freedom time
> remembered and foretold.

Concerning this, Rex Nettleford affirms how "their bold 'dread' and defiant exterior masks an organic protest against the Caribbean's 'sufferation' from the centuries-old crimes committed against our people".[14]

Unlike his compatriot, Manuel del Cabral, who writes Black Poetry which focuses on the Haitians,[15] Pedro Mir has not produced poems of this kind. Morris, however, has written such Black poems as "Responses" and "Afro-Saxon" (*Shadowboxing*). "Responses" describes the poet's emotional reaction to the sensual beauty of a black woman, while "Afro-Saxon" treats the necessity felt by some to constantly affirm their negritude. Morris enhances his realistic portrayal of the Caribbean experience in some of his poems by the use of Creole, or what Edward Brathwaite has appropriately termed "nation language".[16] This is exemplified in such poems as "For Consciousness", "Give T'anks", and "Pre-Carnival Party" (*Shadowboxing*). Moreover, Morris invests his "On Holy Week" with a Caribbean atmosphere by the use of dialect in some sections such as the words of the Malefactor (Right):

> Doan budder widdim, Master: him
> must die;
> but when you kingdom come, remember I.
> When you sail across the sea,
> O God of Judah, carry I wit dee.[17]

The peoples of the Caribbean are perennially concerned with identity, and this essential aspect of our experience is expressed in the poetry of Morris and Mir. In "Case-History, Jamaica" [*P*, 19], the persona directs his attention to "X", an individual who lacks a consciousness of his real personal identity. This narrative poem shows how unidentified "X" is kept ignorant, by the education system, of his roots, his history, because his main point of reference is the Mother Country, and it depicts the tragic results of this procedure:

> In 19– something X was born
> in Jubilee Hospital, howling, black.
>
> In 19– (any date plus four)
> X went out to school.
> They showed him pretty pictures
> of his Queen.
>
> When he was 7, in elementary school,
> he asked what naygas were.
> In secondary school he knew.
> He asked in History one day
> where slaves came from.
> "Oh, Africa," the master said,
> "Get on with your work."
>
> Up at the university he didn't find himself;
> and, months before he finally dropped out,
> would ramble round the campus late at night
> and daub his blackness on the walls.

In the poetry of Pedro Mir, personal and national identity are treated. The latter is, however, given greater emphasis because of the political orientation of Mir's work. His "Contracanto of Walt Whitman" [*V*, 37], as we have seen, begins with an identification of the writer's nationality and parentage which make him "precisamente" a Caribbean man:

> Yo,
>   un hijo del Caribe
> precisamente antillano.
> Producto primitivo de una ingenua
> criatura borinqueña
>   y un obrero cubano

We have also seen how in Mir's concept of *patria* he identifies himself as participant in the struggle of all Caribbean peoples to rid themselves of oppression.

In his treatment of the Caribbean experience Pedro Mir outlines the geographical features of his country, and presents a *milieu* related to labour, oppression and struggle. By contrast, Mervyn Morris presents a broader view of the environmental and the cultural experience. Throughout his work, there is a plethora of references to water, seascapes and associated activities and objects such as swimming, drowning, voyage, boats, waves . . ., numerous images are employed concerning the sea, the beach and the tropical landscape. Moreover, the cultural experience of dance and dance theatre ("Dialogue for Three Dancers" [*P*, 32] and "Mother of Judas, Mother of God" [*S*, 35]), Don Drummond's music ("Valley Prince" [*P*, 7]), Reggae music and Rastafarianism ("Rasta Reggae" [*P*, 18]), Pantomine ("To a Crippled Schoolmaster" [*P*, 24]), Carnival ("Pre-Carnival Party" [*S*, 46]) are recalled and, at times, vividly recreated.

The similarities that have been demonstrated in the poetry of Mervyn Morris and Pedro Mir clearly indicate that there is justification for speaking of *Caribbean* poetry; for we have seen that, despite linguistic differences, these poets, in their treatment of the Caribbean experience, exhibit significant kinship in their selection of the aspects of the experience which they treat and in the literary strategies which they employ.

FOOTNOTES

[1] Gabriel R. Coulthard, *Caribbean Literature: An Anthology* (London: University of London Press, 1966).

[2] José Antonio Portuondo, "Caribbean Literary Themes in the Last Fifty Years", in *The Caribbean at Mid-Century*, ed., A. Curtis Wilgus (Gainesville, Florida, 1951), pp.256-262.

[3] Jorge Manach, "Literary Homogeneity in the Caribbean", in *The Caribbean at Mid-Century*, op. cit., pp. 213-215.

[4] Gabriel R. Coulthard, op. cit., p. 10.

[5] George Lamming, *The Pleasures of Exile* (London: Michael Joseph Ltd.), p.27.

[6] Lloyd Brown, *West Indian Poetry* (Boston: Twayne Publishers, 1978), p.67.

[7] Mervyn Morris, *The Pond* (London: New Beacon Books), p.31. Hereafter this publication will be referred to as *P* with page numbers indicated.

8 Pedro Mir, *Poemas de buen amor y a veces de fantasía* (Santo Domingo: Editora Taller, 1978), Introductory poem.

9 Published in *Aquí*, Suplemento Cultural de La Noticia. Santo Domingo, 28 de agosto de 1977. Ano IV, No. 205.

10 Pedro Mir, *Viaje a la muchedumbre* (Mexico: Siglo veintiuno editores), p.22. Hereafter this book will be referred to in the text as *V* with page numbers indicated.

11 *West Indian Poetry*, p.173.

12 *Viaje a la muchedumbre*, p.xii.

13 Mervyn Morris, "Feeling, Affection, Respect", in *Disappointed Guests* (London: Oxford University Press, 1965), p.26.

14 Rex M. Nettleford, *Caribbean Cultural Identity* (Kingston: Institute of Jamaica, 1978), p.87.

15 Manuel del Cabral's Black Poetry has been discussed by this writer in "Superstition in the Poetry of Manuel del Cabral", *Papers of the Fifth Conference of Hispanists*, University of the West Indies, Mona, 1982, pp. 22-44.

16 Edward Kamau Brathwaite, *History of the Voice. The Development of Nation Language in Anglophone Caribbean Poetry* (London: New Beacon Books, 1984).

17 Mervyn Morris, *On Holy Week* (Brown's Town: Earle Publishers Limited), p.21.

3

Nicolás Guillén and Derek Walcott : Reflections on a Study by Neville Dawes

Keith Ellis
University of Toronto

In 1977 Neville Dawes published his *Prolegomena to Caribbean Literature*, a booklet containing two lectures on Caribbean poetry and prose he had given at the invitation of the Institute of African Studies, University of Ghana, in 1975.[1] The lectures would have served well as grand opening lectures for this conference had they been written for it, for they possess enormous scope covering the English and Spanish speaking Caribbean; and within that they reveal the mature perceptiveness and elegant conciseness that were hall-marks of Dawes' writing. In his essay on poetry he makes certain suggestive comparisons between the high points of Caribbean poetry in English and in Spanish. He pays detailed attention to the work of Derek Walcott and proceeds to examine Nicolás Guillén, considering him to be the great poet of the Caribbean. As one who was a student of Dawes before I became his friend, I find it natural to follow the path indicated by him – in this case, to develop on the basis of some references to the texts, a few of the concepts he originated in his seminal study. In particular, I should like to explore further the points of comparison between Walcott and Guillén.

The Walcott poems considered by Dawes are representative and among the most anthologized of the St. Lucian's poems: "A Far Cry From Africa", " 'A City's Death By Fire" and "Another Life". The poems are impressive examples of twentieth century writing in English. In them are found the internally supported tension that is the characteristic product of the talents of the poet-dramatist. In "A City's Death By Fire", the apocalyptic dimensions of the fire, the "hot gospeller" that devastated Castries, are reflected in the imagination of the speaker as a boy who is ultimately comforted by his perception of life emerging from destruction to restore the *status quo ante*. The comprehensiveness of the ruin of Castries is conveyed by images such as "the smoking sea" where Christ had walked in the imagination of the speaker. Subtle transference of imagery from the material to the abstract allow the conflagration to seemingly engulf matter as well as faith in images such as "each wall that stood on the street like a liar" and "faiths were snapped like wire".

This deft economy of expression is in evidence in the next poem chronologically, "A Far Cry From Africa". Here the speaker reveals an imagination besieged by the reported conduct of the war between the British colonial forces and the Kenyan independence fighters. A structurally intriguing feature of the poem is the psychic position of the speaker, the transmitter of images of the war not unfamiliar to Caribbean listeners to the BBC's reports in the 1950s. He is above this kind of behaviour where "brutish necessity wipes its hands/ upon the napkin of a dirty cause". At the same time, as the urgent questions that mark the climactic end of the poem indicate, he is absorbed by the conflict and cannot turn away from it. An agonizing ambivalence arises from the attractions and repulsions both sides hold for him.

The colonial experience also underlies the tension that informs the focal part of the third poem. Here the speaker is a participant who is aware of the fact that he, as a special talent, is being patronized by the calculated gestures of the dramatically named Mr. and Mrs. Winter of the British Council, in elitist tea time rituals. He responds with lustful fantasies. In each of these three pieces, the "I" is indeed singular, not presuming to represent any community, although he may reflect attitudes held plurally. The three speakers are also bonded by a certain conservative outlook. In the first poem the nostalgia for the old Castries and for the associated childhood Christian sentiments, informed by miracles or by magic, finds satisfaction in the final hope, not that a new, more advanced city will be built to accomodate a more advanced citizenry, but that the old physical and spiritual structures would return. In "A Far Cry From Africa" the tangle of ambivalence that derives from the speaker's peculiar views of the Kenyan struggle essentially militates against change; and in the third text the speaker's eccentric reaction of resorting to a sexual fantasy really allows his hosts' patronizing attitude to go unchallenged. So that colonial Castries, colonial Kenya and the colonial British Council create ruffles in the respective imaginations of the speakers; but decrying them, the poet -- the unified figure of the speakers -- seems to say, is not the route to psychic peace.

In order to understand more fully the alternative to this *Weltanschauung*

provided by Nicolás Guillén that Dawes has discerned, we should examine
other aspects of the poem, "A Far Cry From Africa" — particularly because
Guillén has written a poem in which he deals with the same subject. Walcott's poem reads:

> A wind is ruffling the tawny pelt
> Of Africa, Kikuyu, quick as flies,
> Batten upon the bloodstreams of the veldt.
> Corpses are scattered through a paradise.
> Only the worm, colonel of carrion, cries:
> 'Waste no compassion on these separate dead!'
> Statistics justify and scholars seize
> The salients of colonial policy.
> What is that to the white child hacked in bed?
> To savages, expendable as Jews?
>
> Threshed out by beaters, the long rushes break
> In a white dust of ibises whose cries
> Have wheeled since civilization's dawn
> From the parched river or beast-teeming plain.
> The violence of beast on beast is read
> As natural law, but upright man
> Seeks his divinity by inflicting pain.
> Delirious as these worried beasts, his wars
> Dance to the tightened carcass of a drum,
> While he calls courage still that native dread
> Of the white peace contracted by the dead.
>
> Again brutish necessity wipes its hands
> Upon the napkin of a dirty cause, again
> A waste of our compassion, as with Spain,
> The gorilla wrestles with the superman.
> I who am poisoned with the book of both,
> Where shall I turn, divided to the vein?
> I who have cursed
> The drunken officer of British rule, how choose
> Between this Africa and the English tongue I love?
> Betray them both, or give back what they give?
> How can I face such slaughter and be cool?
> How can I turn from Africa and live?

   Scrutiny of the language that represents a dilemma with such complexity reveals a variety of features. The drama of the poem is well sustained by
a burst of dialogue within the tense monologue and by images that encom-
pass the broad setting, with the different participants and observers and the
historical allusion all serving as a prelude to the speaker's climactic unans-
werable questions that represent his quandary. All this is supported by ap-
propriate musicality, by sober alliterations and discreet, unlaboured rhyme

and assonance that enhance the seriousness of tone. The contemplated reality being unattractive to the poet, the semantic field from which lexical items representing the protagonists are chosen belongs appropriately to the world of lower animals. Thus items like "flies", "worm", "carrion" appear as similies or metaphors reflecting an attitude to the conflict or to the combatants. But the paradigm representing the Mau Mau is extended by such usages as "savages" and "gorilla". While it must be allowed that the context in which the word "savages" is used indicates that it is borrowed from the then current media coinage and is used with some irony, the word does conform to the negative perspective, established at the outset by the word "flies", from which the African element is viewed. On the other hand, the negative equivalents applied to the colonizers are relieved by the lexical item "superman", by the temporarily disabling adjective in "the drunken officer of British rule", or by the sympathy-evoking image – "the white child hacked in bed". The one clear expression of love in the poem is directed at an aspect of the colonial heritage, the English language. And "paradise" is the setting as it was before the disruptive hostilities began. All this compels the reader to acknowledge that within the ambivalence of which the poet is conscious, the weight of favourable disposition is enjoyed by the colonizers. Their blood is made to appear to be less toxic than the other blood. The choice (presented four lines from the end of the poem) is between this Africa thus burdened with negative connotations and "the English tongue I love". This is really an antithesis that causes the word "Africa", when it is repeated in the last line, to contain little hope of appeal. So that Walcott's speaker, inflamed by harsh images of the war and repulsive visions of the Kikuyu, turns inward, leaving the Africans in a fix.[3]

Dawes has recognized in the different stages of Guillén's poetry his keen perception of the African heritage present in the Caribbean identity. To be noted too is Guillén's admiration of the Spanish language and of important aspects of the Spanish literary tradition. But, as Nancy Morejón has pointed out, his meticulous use of the standard language has not kept him from making a central characteristic of his writing the incorporation into his poetry of expressive forms, principally through the *son* and the *jitanjáfora*, that reflect the African heritage.[4] In his concern for the defence of this heritage and his pursuit of the well-being of Caribbean and African populations, he came to realize early in his career that colonialism and imperialism must be the focus of his unambiguous attack. That is why within his expressive system he develops symbols of imperialism and responses to it throughout the course of his career. Whereas Walcott, in his famous poem that we have examined, applies images that reflect lower forms of animal life to the colonizers only in their worst aspects but to the colonized in all their manifestations, Guillén applies such images consistently to colonialism, imperialism and their agents. Accordingly, as early as 1929, the symbol of the blood-sucking beast is made to represent the United States in the poems "Pequeña oda a un negro boxeador cubano" and, in 1930, "Caña". The snake figures as the symbol of imperialism in "Sensemaya", and the agent killer of Jesús Menéndez is a wild animal whose "zarpazo" (claw blow) is reminiscent of José Martí's symbol of neocolonialism in his essay "Nuestra América".

In all the above Guillén poems, the black presence is prominent and an uncompromising attitude is urged in the struggle against racism and imperialism. Consonant with Martí's vision of the furious dying tiger, the idea of imperialism being fought to the death is a constant response to its presence in Guillén's poetry. Thus in poems like "Sensemaya", "Mi patria es dulce por fuera. . .", and "Elegía a Jesús Menéndez", the dramas of confrontation end with the death of the imperialist intruder. In the post-revolutionary period, the symbol of imperialism and the response to it remain in evidence in poems like "Frente al Oxford" and in several from *El gran zoo*. It is not surprising in view of this lifelong evaluation of imperialism that when he came to write about the Kenyan struggle, his approach should form a stark contrast to Walcott's. In the poem "Mau-maus", written in 1953, there is none of the ambiguity of point of view in semantic usage that complicates and imperils Walcott's poem. Guillén's poem attests to an alertness about the point of view from which things are reported and the interests served by reporting. In short, the poem deals largely with propaganda – British propaganda aimed at distracting attention from their imperial terror in Kenya. The poem reads:

Mau-maus

Envenenada tinta
habla de los mau-maus
negros de diente y uña
de antropofagía y totem.
Gruñe la tinta, cuenta,
dice que los mau-maus
mataron a un inglés. . .
(Aquí en secreto; era
el mismo inglés de kepis
profanador, de rifle
civilizado y remington,
que en el pulmón de Africa
con golpe seco y firme
clavó su daga-imperio,
de hierro abecedario,
de sífilis, de pólvora,
de money, business, yes.)

Mau Mau

Poisoned ink
speaks of the Mau Mau
blacks with teeth and nails
with cannibalism and totem.
The ink growls, reports,
it says that the Mau Mau
killed an Englishman. . .
(Just between us: it was
the same Englishman with
profaning kepi, with civilized
Remington rifle,
who into the lung of Africa
with one strong hard blow
plunged his dagger-empire,
of alphabet iron,
of syphilis, of gunpowder,
of money, business, yes.)

Letras de larga tinta	Letters in long ink
cuentan que los mau-maus	report that the Mau Mau
casas de sueño y trópico	took the tropical dream
británicas tomaron	houses of the British
y a fuego, sangre, muerte,	and by fire, blood, death,
bajo el asalto bárbaro	in this barbaric assault
cien ingleses cayeron...	a hundred Englishmen died...
(Aquí en secreto: eran	(Just between us: they were
los mismos cien ingleses	the same hundred Englishmen
a quienes Londres dijo:	whom London told
–Matad, comed mau-maus;	–Kill, eat Mau Mau;
barred, incendiad Kenya;	sweep, burn Kenya;
que ni un solo kikuyus	leave not one Kikuyu
viva, y que sus mujeres	alive, let their women
por siempre de ceniza	forever see only ashes
servida vean su mesa	served on their tables
y seco vean su vientre.)	and let their bellies be dry.)
Tinta de largas letras	Ink forming long letters
cuenta que los mau-maus	reports that the Mau Mau
arrasan como un río	like a savage river
salvaje las cosechas,	are levelling all crops,
envenenan las aguas,	they are poisoning the water,
queman las tierras próvidas,	burning the fertile lands,
matan toros y ciervos.	killing bulls and deer.
(Aquí en secreto: eran	(Just between us: they were
dueños de diez mil chozas,	masters of ten thousand huts,
del árbol, de la lluvia,	of the trees, of the rain,
del sol, de la montaña,	of the sun, of the mountain,
dueños de la semilla,	masters of the seed,
del surco, de la nube,	of the furrow, of the cloud,
del viento, de la paz...)	of the wind, of peace...)
Algo sencillo y simple	Something simple and direct
¡oh inglés de duro kepis!	Oh hard hatted Englishman!
simple y sencillo: dueños.[5]	direct and simple: masters.

The whole structure of the poem is determined by the two views of the struggle: the colonialist point of view, followed by the speakers' confidential, rectifying anti-colonialist view. The reader is never uncertain of the moral or political position of the speaker. The first line of the poem, "Envenenada tinta", characterizes immediately the colonialist version as vicious. This version is also persistent, as the four verbs of communication – "habla", "gruñe", "cuenta" and "dice" – used in seven short lines indicate, with "gruñe" associating the colonialists with lower animal life. Variations on the first line initiate the other two stanzas of the poem in which the first parts also report the colonialist view. It is in these accounts, discredited by the speaker, that words like "antropofagia", "bárbaro" and "salvaje" appear, applied to the Mau Mau in keeping with the selected, synchronic sensationalism that is the centrepiece of propaganda. The confidential "Aquí en secreto" that begins the second part of each stanza speaks paradoxically and optimistically to a wide audience, to all anti-colonialists, and potential anti-colonialists, telling of aggression on the part of the other side.

These antithetical second parts lift the level of the content by including the solid historical aspect that would otherwise be suppressed by the persistent stories of the controllers of information. And the poem acquires solemn dimensions in the final rebuttal in which sense is made of the present by linking the past to the future, by making history inform aspiration, by showing that those who were will again be masters of their own country. So that here we have not the wish for fulfilment of mere nostalgic sentiments, but the desire for a people's open-ended power of self-determination.

This poem is not then an exercise, even ostensibly, in sorting out a personal dilemma. It is an altruistic act in which the presence of an "I" without first-person singular usage is indicative of the way in which, as is typical in Guillén, the "I" becomes a "we" in a pact of keen solidarity with whoever is victimized by racism, imperialism or fascism. The difference between Guillén and Walcott is further elucidated by examining a detail of Walcott's poem, his intertextual reference to the Spanish Civil War in the line - "A waste of our compassion, as with Spain". The reference conveys a measure of censure for those who were moved by the events in Spain to sympathize with the anti-fascist forces and seems to validate T.S. Elliot's advocation of calm neutrality during the struggle. Guillén in both prose and poetry wrote supportingly of Spain in its time of travail; and when it fell to the fascists, far from regarding his efforts as wasted, this son of Spain and of Africa, instead of feeling "divided to the vein", behaved with ideological consistency by supporting the Kenyans as he was later to support the Angolans in his "Son de Angola".

Neville Dawes has pointed the way to an understanding of the difference between the poetic visions of the two poets. He has written:

> Many writers in English in the Caribbean would reject Guillén's
> type of reconciliation as being not *really* poetry because of its
> clear political commitment. We have been taught by that
> British Council representative whom Walcott so smugly satirizes
> without understanding the essentially castrating effect he has
> had on Walcott himself — we have been taught that it is in
> artistic for a poet, a native colonial poet especially, to display
> in his work a political commitment and we have accepted this
> piece of tutelage without realising that "inartistic" is used
> here as a highly comic euphemism for "treasonous" . . . .[6]

Indeed, Walcott's professed and demonstrated love for the English tongue and the recognition he has always received for his mastery of it can hardly come unencumbered by the attitudes conveyed by that tongue. English served for centuries the interests of the extensive British Empire, and it is a well practised tool that can give the impact of authority even to the shell of an Empire. Hence the prestige enjoyed by such institutions as the BBC and the Reuter News Agency. Besides, English is presently the language of the foremost imperialist power and it is used to set the parameters in many countries for the interpretation of the distributed information. The producers and critics of literature have, of course, had a role in the superstructure of this order of things, promoting literature that does not disturb the order. In our times, for example, a conservative spirit is bouyed by the encouragement of the fantastic and by a *Weltanschauung* that reflects a tragic sense of life and sees aspirations for change and progress as idle, as the dreams of fanatics.

These attitudes, predominant in the English-speaking world, have sometimes jumped the barriers of the Spanish American literary tradition. Jorge Luis Borges, for instance, fell in love with the English language at an early age through his admiration of works by writers like Robert Louis Stevenson. This is in itself a remarkable case because Borges knew and admired the work of the promoted Stevenson, the writer of historical romances and fantasies. He did not get to know the mature Stevenson's authentic production because Victorian England would not permit publication of the unexpurgated version of such an anti-colonial Stevenson work as *Beach of Falesa*.[7]

Guillén's love of the Spanish language is always based on its capacity to reflect change and development.[8] His use of traditional forms in innovative ways is constant testimony to an unsurpassed artistry that would make obvious nonsense of any accusation of his being inartistic. But a decisive part of the tradition of the Spanish language for him is the fact that it was the tool of those who have struggled against colonialism and imperialism, in the tradition of Simón Bolívar, of José Martí, of Rubén Darío -- a tradition that can be seen as evolving from the heritage of the great humanists: Aeschylus, Dante, Cervantes. Guillén brings to this tradition a clarity of perception that appears uncanny, but really reveals the profound understanding of political reality that underlies his poetic creativity.[9] For example, he wrote his poem "Mau-maus" in Rio de Janeiro in 1953 at the beginning of a long period of unplanned exile from Cuba. He had no privileged information about details of what was going on in Kenya. Yet, years after the conflict, when the sensational is giving way to the analytical, Guillén's view is being corroborated by serious scholars in England itself. Malise Ruthven, for example, in her book, *Torture: The Grand Conspiracy*, gives an account of British fabrication of cases of Kikuyu terror that unknowingly almost imitates the pattern of Guillén's poem. She writes:

> . . . in Kenya, during the campaign against the Mau Mau in the
> 1950s, the colonial authorities rounded up and tortured to
> death a number of guerrillas who refused to break their oath
> to the movement. At the same time, rumours based (according
> to nationalist sources) on tortured confessions were circulated
> by the government alleging that the Mau Mau oathing cere-
> mony involved the performance of bestial acts.[10]

Moreover, the Cuban poet's focus on the sensitive question of the role of
propaganda in the victimization of colonized people anticipates the call by
some Third World countries for a new world information order, a call that
has brought fierce reaction mainly from the metropolitan countries, and
particularly from the English-speaking ones. Besides, his view that poetry
should assist in the task of clarifying and alleviating the solvable problems
faced especially by large, abused sectors of humanity – a view articulated
clearly in his "Arte poética" and in others of his poems that could have
borne that title -- is gaining great following in this hemisphere, particularly
in the Caribbean and in Central America. The many metapoems that have
been produced in the past twenty years expressing the idea of poetry as part
of a pluridisciplinary, profoundly humanist project are testimony to all
this.[11]

The confusion and inappropriate reaction that can result from contrived
information falling on ground prepared by ideological distortion were obser-
ved by Dawes to have had grave consequences with regard to relations between the West Indies and Africa. He wrote:

> the christianised and "emancipated" African of the Diaspora
> now sought, in response to the bidding of his European over-
> lord, to liberate Africa from paganism, cannibalism, polygamy,
> etc. The idea was that black liberated men from the West
> would, as Christian missionaries, bring a white illumination to
> the dark continent. Curiously enough, one of the first expres-
> sions of this "sweetness and light" was that of the West India
> Regiment, officered by the oppressor and manned by the
> Diaspora, returning physically to Africa to suppress, by force
> of arms, so-called recalcitrant tribes on the West Coast. So that
> the black Caribbean's first confrontation with Mother Africa
> after three centuries of separation was to shoot bullets into
> her womb.[12]

Dawes' suggestive essay is one of the many gestures that sprang from
his deep feeling for Africa and for the Caribbean. He calls himself in the
essay an unimportant practitioner of Caribbean literature. This self-assess-
ment is too modest by far because his writing, both fictional and non-fic-

tional, was not only skillful, but it was further elevated by the profound respect for the broad masses of people that was always present in his work. It is this feeling of respect that made him sensitive to the people's real aspirations for independence, unity and development. The fact that he explored so astutely in *Prolegomena to Caribbean Literature* the many implications of this position for writers and literary critics will make this study continue to be a vibrant resource for the examination of Caribbean literature.

FOOTNOTES

[1] Neville Dawes, *Prolegomena to Caribbean Literature* (Kingston: Institute of Jamaica, 1977).

[2] Derek Walcott, *Selected Poems* (New York: Farrar, Straus & Company, 1964), pp.3-4.

[3] In the colonial Caribbean context in which the poem was written, Walcott and others might have considered it to be a radical effort. The first version of the poem was published in Jamaica, not in the faithfully colonialist *Daily Gleaner*, but in the less conservative weekly *Public Opinion*, 15 December 1956, p.7.

[4] Nancy Morejón, *Nación y mestizaje en Nicolás Guillén* (La Habana: Ediciones Unión, 1982). See especially the chapter entitled "Transculturación y mestizaje", pp.1-93.

[5] Nicolás Guillén, *Obra poética 1958-1972* (La Habana: Bolsilibros Unión, 1974), pp.30-31.

[6] Dawes, op. cit., p. 13.

[7] The true text of Stevenson's novella was published for the first time in Barry Menikoff, *Robert Louis Stevenson and "The Beach of Falesa"* (Stanford: Stanford University Press, 1984).

[8] With his prominent anti-imperialist, anti-colonialist identity Guillén characteristically uses English, as in the poem we have examined here, in a satiric mode, associating it with exploitation and deception.

[9] One might be tempted to attribute the difference in their perception of the Kenyan independence struggle to the fact that Walcott was in

his twenties when he wrote his poem, while Guillén was over fifty. It should be pointed out, however, that the ideological framework with which Guillén's perception is consistent was in evidence in his work produced in his twenties. On the other hand, although Walcott has come to address such matters as slavery, in his theatre particularly, his views on the African heritage in a later poetry collection, *The Castaway and Other Poems*, reveal his continuing ambivalence. Dawes has commented on the metropolitan establishment critics' deep appreciation of this ambivalence.

[10] Malise Ruthven, *Torture: The Grand Conspiracy* (London: Weidenfeld and Nicolson, 1978), p.283.

[11] Little-known but engaging examples of these poems have been offered by recent Salvadorean poetry. See my translations into English of some of these in *Mirror of a War: Literature and Revolution in El Salvador* (Toronto: Between The Lines, 1985).

[12] Dawes, p.3.

4

The Mask and the Masquerade in *Vejigantes* and *The Dragon Can't Dance*

Ena V. Thomas
University of the West Indies
St. Augustine

To Francisco Arriví and Earl Lovelace, the former a Puerto Rican dramatist, the latter a Trinidadian novelist, Caribbean life is a Carnival of conflicting forces in which the main protagonists are the European colonizing powers, on the one hand, and the Afro-creole masses on the other. *Vejigantes* revolves around the carnival-style celebrations of the feast of Santiago Apóstol, Patron Saint of the Puerto Rican, black dominated village of Loíza Aldea. *The Dragon Can't Dance* is set in the pre-Lenten festivities of Trinidad Carnival Season. Its main action is staged in and around the black slums of the Laventille Hills on the periphery of Port-of-Spain.

In both works, the image of the mask is the central motif. A "vejigante" is a masked man wearing a clown-style costume and carrying a "vejiga" or bladder-shaped pouch in one hand. His headpiece is a grotesque mask with horns representing the Devil. Clearly the "vejigante" is a clown-devil figure. The dragon is a masked character, a mythical serpent, powerful and fierce looking, exhaling flames of fire. It is made from scraps of cloth and tin: "its mouth breathing fire, its tail thrashing the ground, its nine chains rattling, that would contain the beauty and threat and terror that was the message that he [Aldrick] took each year to Port-of-Spain"[1].

The masquerade or procession of masked men and women disguised in their respective costumes bespeaking their own identities or aspirations and dancing to the strains of music and drum is, like all masquerades, "a mime of an allegorical story"[2]. The masked characters of *Vejigantes* and

The Dragon Can't Dance act out a serious dialectic of human transformation in which the thesis is the superstructure of a dominant culture in conflict with the antithesis of an uprooted civilization. What normally results in a confrontation of this kind, is a new form which is a synthesis of the two opposing forces.

Frantz Fanon, the Martiniquian psychiatrist, explains the nature of the masking that takes place in any colonial encounter: his definitive study of the pathology of the colonial, *Black Skin, White Masks*. To Fanon, the mask is a symbol of alienation. The clash of the two cultures results in the masking of the weaker by the more powerful. Confronted with such a conflict, the colonized, according to Fanon, has two choices: either assimilation, that is to say, wearing the white mask, or retreat into the past – in other words, emphasis of his negritude – both of which result in pathological individuals. The solution to the problem is an existential struggle to maintain one's humanness, one's "personhood" as Lovelace calls it or, in the words of Fanon, "to reach out to the universal"[3].

In *Vejigantes*, Arriví dramatizes the masking by placing it in the context of race and colour. *Vejigantes* is a journey that Marta, the protagonist, travels towards the goal of racial disalienation. At the beginning of her journey she is trapped in the white mask. She literally wears a turban at all times to conceal her mestizo, hence African connections.

Vejigantes is a dance ritual, a return to the dark past that gave birth to the original masking. Act I is a flashback of 45 years to the enchanting Loíza seacoast village with its shores lined with romantic coconut palms, scene of the seduction of a black pretty village girl called Toña by a white merchant-class Asturian called Benedict, during the Carnival festivities of Santiago Apóstol.

The Loíza festival, celebrated on the 25th of July each year, is an interesting phenomenon of cultural syncretism. In it, a black community celebrates a seemingly foreign event of Spain's defeat of the Moors under the spiritual protection of her Patron Saint, Santiago Apóstol. Ricardo Alegría, the distinguished Puerto Rican anthropologist, explains the connection between the Spanish and the Afro-Puerto Rican religious systems in this way:

> Shangó es para los negros Yoruba el dios del rayo, del trueno y
> de la tempestad así como poderoso y valiente guerrero a caballo.
> Estos atributos que los yoruba adjudican a Shangó son muy
> similares a los de Santiago Matamoros. Para los conquistadores
> españoles, Santiago no sólo era el Santo Guerrero que los pro-
> tegía en la guerra, sino que también se le consideraba como el
> Hijo del Trueno .... La semejanza entre los atributos de las
> deidades es tal que bien pudo haber sido ésta la causa por la

cual la población negra de Loíza los fundiera, prevaleciendo
como era de esperarse, la concepción popular española de Santiago Matamoros.[4]

This is an anthropologist's explanation of the process of thesis, antithesis, synthesis. It is interesting to note that the feast carries the Spanish name of Santiago but that at the root of it is the African cultural and religious subconscious of the Shangó deity, expressed or represented in the music of the "bomba" and the personalized drums "Consentida" and "Malcriada". Marta who is the outcome of the night of seduction shows no visible traces of her African origins. She wears the mask of Hispanism in name and attitudes. Indeed, she wears a turban mask to conceal her hair which is the clue to her race.

There are a series of images and situations in the play that suggest a mask. Apart from Marta's turban, the most telling symbol of the mask is that of the grandmother consigned to the back room when visitors come. Thus, Clarita reminds her mother: "Visita de blancos en la sala, cuarto de atrás para la abuela"[5]. The banishing of Mama Toña to the kitchen is undertaken by Marta because she wants to marry off her daugher Clarita to a white North American from the Southern States and she does not want the potential husband to be aware of her *mestizaje* which is anathema to a white Southerner. Marta desperately aspires for white assimilation.

Vejigantes ends optimistically. The alienation which Marta suffers is subsequently terminated through the traumatic shock of self recognition, when Bill rejects Clarita because he finds out the secret that Marta's turban hides. In the event, Marta recognizes her folly and thus makes the first step towards disalienation. The rest follows naturally. Marta is now ready to accept the "bomba" and let Mama Toña out of the back room of her subconscious into the front garden of peace, harmony and beauty that the blazing red flamboyant flowers of the garden scene symbolize.

In *The Dragon Can't Dance* Lovelace examines the masking of the individual who lives in an anglophone society. Here again the pattern of thesis, antithesis, synthesis obtains. European culture meets Afro-creole culture and the result is a masquerade, a carnival. The masking of Africanness in the Anglophone world is total if we are to take the hint offered in the title "The Dragon Can't Dance". Robert Farris Thompson helps us to interpret the survival of African culture in the art forms of Black America. This is the stated aim of his book, *Flash of the Spirit: African and Afro-American Art and Philosophy.* He writes: *"Flash of the Spirit* is about visual and philosophic streams of creativity and imagination, running parallel to the massive musical and choreographic modalities that connect black persons of the Western hemisphere. . . to Mother Africa.[6]

The dragon is a religious image suggesting priesthood. This meaning emanates from the text:

> In truth, it was in a spirit of priesthood that Aldrick addressed
> his work: for the making of the dragon costume was to him
> always a new miracle, a new test not only of his skill but of his
> faith; for though he knew exactly what he had to do, it was
> by faith that he could bring alive, from these scraps of cloth and
> tin, that dragon [p. 35].

Among the Yorubas of Nigeria, the dragon which is in effect a mythical serpent, is an icon of a deity spirit. Shangó, the most popular of the Yoruba deities, is the God of Thunder and a former king-soldier who was transformed into a God. Artistically, Shangó is the embodiment of the warrior and the lover[7], a double role that Aldrick, the dragon-man plays in *The Dragon Can't Dance.*

What I am suggesting is that Aldrick's dragon-making is a creative re-organization of an African system of thought that lives in his subconscious and which is what defines him as leader, warrior, priest and lover of his uprooted castaway people whose lives, like scraps of cloth and bits of tin and scales are the substance and material of the dragon costume he spends his life making.

Whereas race is the central theme of *Vejigantes,* economics is the driving force of *The Dragon Can't Dance. The Dragon* is a story of economic deprivation with its corollary of prostitution, violence, badjohnism, unemployment, idleness (the list is legion). But who is the cause of this economic disaster? Who is it that reduces the lives of a people to a grotesque dance macabre?

The answer to these questions can be gleaned from the schema earlier described as thesis, antithesis, synthesis. Aldrick and the Laventille community are the result, not the cause of economic exploitation which is the legacy of deprivation that the colonized group suffers at the hands of the colonizing power.

The neo-colonial government that replaced the colonial powers in Trinidad inherited the same contempt for and neglect of its subjects. The power that effectively controls the Laventille community is conspicuous by its absence. It is only at the end of the narrative that they appear in the persons of the police and the sponsors.

So the question has to be asked: If Aldrick and Fisheye (the former the spiritual leader, the latter the warrior-soldier) are the guardians of their community, who or what are they warring against? The answer is to be found in the failed rebellion against the government at the end of the novel and also in the resistance to steelband sponsorship which Fisheye rightly sees as an attempt by the government to quell the spirit of protest among the leaders of the community. The rebellion fails because the protestors are Quixotic warriors with toothpicks for swords. They are comical and tragic at the same time; comical because of the disparity between aspirations and reality, and tragic because of ruined potential.

The Dragon Can't Dance is an expression of total defeat. The dragon is unable to win the love of the woman he admires or even protect her from the dangers that lurk around her. Given that economic environment, he simply "can't dance". In the Anglophone colony, the conflict does not result in a new hope but rather in a disfigured, defeated masked warrior whose sole redeeming attribute is that he nobly fights the great fight. At the end, the battle field is strewn with the discarded costumes of dragons and the mutilated bodies of Fisheyes, Guys and Dollies.

Whether one looks at the Hispanic Caribbean or at the Anglophone counterpart, the same pattern emerges. Life is reduced to a carnival of masked individuals who are either psychologically distorted "Martas" or, what is worse, frustrated "Dragons". And the masquerade goes on.

FOOTNOTES

[1] Earl Lovelace, *The Dragon Can't Dance* (Essex: Longman, 1984), pp. 35-36.

[2] *The Thames and Hudson Encyclopaedia of the Arts* (London: Thames and Hudson, 1966).

[3] Frantz Fanon, *Black Skin, White Masks* (London: Compton Printing Ltd., 1952), p.197.

[4] Ricardo E. Alegría, *La fiesta de Santiago Apóstol en Loíza Aldea* (Madrid: Aro, 1954), p.23.

[5] Francisco Arriví, *Vejigantes* (Río Piedras: Editorial Cultural Inc., 1974), p.62.

[6] Robert Farris Thompson, *Flash of the Spirit: African and Afro-American Art and Philosophy* (New York: Vintage Books, Random House, 1984), pp.13-14.

[7] *Ibid.*, p. 90.

5

Women and Sexuality in the Works of Gabriel García Márquez and V.S. Naipaul

T. Avril Bryan and Helen Pyne-Timothy
University of the West Indies
St. Augustine

Treatment by critics of the female characters in the works of Gabriel García Márquez has been quite peripheral, particularly when one considers the pivotal role which certain of these women play. The theme of female virginity and its many repercussions is explicitly introduced and developed by García Márquez in several works. It is intended here to explore this theme in *Cien años de soledad, La increíble y triste historia de la cándida Eréndira y de su abuela desalmada*[1] and *Crónica de una muerte anunciada*. Similarly, it has been pointed out that critics of V.S. Naipaul have tended to ignore any indepth analysis of this writer's female characters, primarily since Naipaul himself is more concerned with those that are male.[2] Yet Naipaul's appraisal of the female reveals some very interesting though extremely male-oriented ideas. *Guerrillas, A Bend in the River* and *In a Free State* will be considered in this respect.

These two writers have both had a tremendous impact as literary figures, to the extent that García Márquez has been elevated to the status of a Nobel Prize Winner and Naipaul is often mentioned as a contender for the same. In addition, they are both native to the circum-Caribbean region. Consequently, a comparison of their presentations of female sexuality provides valuable insights into the stature that women have in their works.

García Márquez treats the male and female with equal importance. However, with irony and humour he presents the value judgements of Latin-

Caribbean society as it relates to the importance of a woman's virginity prior to marriage; the distorted notion of machismo; and the ridiculous heights to which the old Spanish code of honour can be taken. In *Cien años de soledad*, Amaranta and Remedios are two women of the Buendía clan who espouse virginity in different ways. In typical fashion García Márquez portrays them mythically so that they reflect the tragicomic element that pervades their life.

It is through the matriach Ursula that the author first presents the ludicrous aspect of virginity. Ursula is afraid to consumate her marriage to her cousin, José Arcadio Buendía, because of the omen that tells of a child to be born to the Buendía family that will have the dreaded "cola de un puerco". Ursula had succeeded for a whole year in not consummating her marriage by wearing a garment made by her mother that "se cerraba por delante con una gruesa hebilla de hierro".[3] Ursula's husband is forced to kill Prudencio who has insulted him because of this.

Ursula's attempt to maintain her virginity results in this absurd and grotesque situation. Her husband is even haunted by the ghost of his victim. Obviously, the marriage has to be consummated so that we can have the account of the Buendía clan. This projection of Ursula's virginity is comical but the irony is that it is precisely the incestuous relationship generations later of Aureliano and Amaranta Ursula that results in the ultimate demise of the Buendías. Their offspring is born with the frightful "cola de un puerco".

García Márquez further develops the denial of a woman's sexuality through Ursula's daughter Amaranta.[4] She epitomizes hate which she feels for her adopted sister Rebecca. Amaranta is in love with Pietro Crespi who, oblivious to Amaranta's feelings, asks Rebecca to marry him. Amaranta's intense pride cannot stomach this apparent rejection. Her hatred is unbounded. Her egocentricity referred to as a "pathological narcissism"[5] propels her to outwardly accept Pietro as a suitor after he is jilted by Rebecca. She plans his demise permitting him to name their wedding day. Then with great cruelty she tells him, "No seas ingenuo, Crespi -- sonrió -- ni muerta casaré contigo" [p. 98].

Devastated, Pietro commits suicide. In an attempt to show remorse, Amaranta deliberately burns her hand among the live coals. She wears a symbolic black bandage on the burned hand until her death.

Amaranta externally embraces virginity as she weaves death shrouds for Rebecca and for herself and names the moment of her death. García Márquez demythifies this aspect of virginity since, for Amaranta, celibacy and purity are not synonymous. She engages in incestuous love play with her nephew, Aureliano José, during the latter's growth through puberty to adolescence.

Their relationship is described as "una complicidad inviolable. . ." [p.127].
Amaranta's espoused virginity is hypocritical since (i) her morbid fascination
with death leads her to want to die a virgin, and (ii) her fear of giving birth
to a monster prevents her from actually committing the sexual act. Her
hypocrisy is such that she is convinced that her "virginal" life will be seen as
sanctimonious. She rejects confession since her conscience is clear. This self-
inflicted virginity reveals a woman who is determined to deny her sexuality
because of false pride, inability to experience true love and a facility to
demonstrate cruelty and hate. García Márquez does not express any further
value judgements, but we are made to feel that Amaranta's so-called sacri-
fice to retain her virginity is entirely without reward.

Remedios la bella, the grand-daughter of Ursula, is the second virginal
character. However, her character, though mythically presented, does not
reflect the same distortion as does Amaranta. Her beauty is legendary but
fatal for any man who may have seduction in mind. Her beauty is not merely physical but spiritual. She is devoid of the bitterness and hate that engulf Amaranta; and her purity and innocence are in sharp contrast to the
lust which her beauty elicits in men. Yet, her innocence is intimately inter-
woven in her sexuality. Even Ursula is worried by the sensuality of Remedios
since it is fatal to all the men who gaze on her. She is primitive in her innocence and sensuality, to the extent that the author states that, "hasta el
último instante en que estuvo en la tierra ignoró que su irreparable destino
de hembra perturbadora era un desastre cotidiano" [p.200]. Irony and
humour are self-evident in this portrayal. She even exudes an odour that
disturbs all strangers. Her levitation into the heavens is seen as a miracle
by her relatives, but her sexuality makes her ascension and virginity suspect
in other quarters.

In *Eréndira*, García Márquez portrays the "heroine" Eréndira and her
grandmother in mythical form. This depiction is presented through (i) classical Greek mythology, and (ii) the fairy-tale. As one critic sees it,[6] Eréndira,
or Aridnere as Ulises the young lover calls her, is an allusion to Ariadna,
the figure in Greek mythology. So too are Ulises and many mythical elements that are represented. However, García Márquez portrays a grotesque
inversion of the classical hero and heroine of Greek mythology. The grandmother resembles Cinderella's wicked stepmother who makes the heroine
work even in her sleep. There appears to be no defence against her and
when the exhausted Eréndira accidentally causes the house to burn to ashes,
she quietly accepts her grandmother's punishment. The innocent fourteen
year-old heroine is forced into a life of prostitution as a means of retribution
for the losses incurred by her grandmother.

Eréndira's fortitude becomes renowned throughout the dry and deso-
late environment in which they live. Her prostitution is not meant to de-

tract from the "cándida Eréndira" since, because of her naivete, her grandmother appears as the monster who keeps Eréndira enslaved in order to satisfy her own material cravings. The author points out that the grandmother
had been rescued by her husband, Amadis, from a life of prostitution. Now,
in her old age, she perhaps conjures up her sexuality through Eréndira's.

The dreams and mad ravings of the grandmother contrast directly with
the reality of the situation. Eréndira is mentally and emotionally passive
in the midst of the erotically bizarre situation that she endures. Her short
period in the convent reveals days full of chores, but she appears to be
silently content. There is no doubt about her submissiveness here, as it is
with her grandmother and with her lovers. Sheer physical exhaustion on one
occasion causes the grandmother to tend to Eréndira almost solicitously;
but Eréndira's attempted escape with Ulises results in further enslavement.
From that time on, she is chained to the bed while she continues her life of
prostitution.

Eréndira's sexuality is legendary, but she shows no positive reaction,
apart from her moments with Ulises.[7] As is customary in fairy-tales, this
heroine has to free herself from the shackles to which she is bound and it
is apparent that the grandmother expects her to do so. Gradually, she begins
to feel hate and rage towards her captor and she solicits the help of Ulises
in order to kill the grandmother.

Eréndira is the antithesis to the heroine of fairy-tales and classical mythology. There is no wedding and eternal love after the grandmother's death.
She steals gold from her grandmother and abandons Ulises, leaving him
weeping after he kills the grandmother. Although her livelihood is painted
negatively, she accepts it as a matter of course and permits herself to be
exploited. The horror that this might evoke in us is tempered by the knowledge that García Márquez is presenting antiheroes ·who are responding
to some elusive, but heroic, tradition.

Crónica de una muerte anunciada foretells the death of the apparently
innocent victim, Santiago Nasar, who is named as the deflowerer of Angela
Vicario. Angela neglects to tell her bridegroom that she is not the virgin
bride he seeks. It is clear that the author is denouncing the *machismo* of
the male and the virginity of the female which his Latin-Caribbean society
continues to uphold as virtues.[8] He shows the utter futility of pursuing
these qualities blindly. The question of honour is inextricably bound to
these dubious virtues and together, the three elements result in disaster
for all concerned.

The bridegroom, Bayardo, is obsessed with his machismo, reflected in his
wealth, handsomeness and desire for power. He attempts to buy everything,
including a virgin wife. He does not, for one moment, imagine that Angela

may not be a virgin. In the tradition of his society, sexual activity is a male prerogative. Virginity is supposed to be the ultimate value in a bride. The very name Angela is symbolic of the qualities that Bayardo is seeking in a wife. But it is ironic that the woman so named is the direct cause of her own misfortune and that of many others. The narrator's mother comments on Angela's courage in attempting to conceal her non-virgin state. The fact that she dares to wear a bridal veil and orange blossoms is seen as an act of courage by this older woman, while others see it as a profanation of the symbols of purity.[9]

This novel focuses on ancestral prejudices and denounces the still-existing archaic social structures, which include by omission, the possible existence of female sexuality and the resulting breakdown of traditional mores. Angela's mother, who is named Purísima or Pura, belies the symbolic quality of her name by venting her rage on her daughter and beating her mercilessly when she is returned home by her "deceived" husband.

The humour which is so evident in *Cien años de soledad* in the treatment of "virginity" is absent here. The author is clearly castigating the society for continuing to uphold these traditions. What adds to this feeling of futility and loss is the notion that Santiago's murder is seen as an act of vengeance that is unjustified. No one, including the reader, believes in the culpability of Santiago. He becomes the target, simply because he is named by Angela as the perpetrator. There is no suggestion by the author that he may be guilty. In fact, the characters in the novel surmise that he is innocent, but no one is able to prevent the crime.

In the end, Santiago is killed, the brothers are imprisoned and subsequently released, and Bayardo abandons the new bridal home he has purchased. Angela becomes a different person once she is rejected by her husband and shamed in the eyes of the community. In a new environment, Angela becomes accomplished at embroidery. Now mature, she is witty and begins to write thousands of letters to Bayardo. Her real misfortune is that after being rejected, she falls in love with her husband. This love becomes an obsession which is evident in the passionate letters that she writes to him. The "happiness" of the ending is questionable since Bayardo returns to Angela when they are now much older. They have lost so many years of unfulfilled love that their final reconciliation is almost an anti-climax. Curiously, "virginity" is her constant obsession during the many years of separation. the reader learns that although she is master of her own free will during this time, she "volvió a ser virgen solo para él. . ." [p.122]. Angela has not been able to shake off the precepts laid down by her society. The power of the traditions is inescapable. Both women and men are enslaved by them.

It would be difficult to compare the treatment of women and sexuality in García Márquez and V.S. Naipaul without some discussion of differences in tone and method which together impart vital dimensions of meaning to their work. Such a comparison might well be useful at this point.

It has previously been stated that García Márquez' view of his society and its traditions, in so far as they embrace both men and women and their social and sexual relations, is pervaded by an incisive duality, and an acute awareness of the ironies inherent in the acceptance of European traditions based on heroic mores within a totally distinct, frontier-like environment in the New World. This ironic viewpoint, however, is not destructive. It sees the duality and the futility inherent in a wholesale acceptance of the tradition of virginity, honour, machismo in his Latin-Caribbean environment. But García Márquez also seems to suggest that these traditions are part of the seamless fabric which holds the society together.

Furthermore, García Márquez' women are natural but powerful participants in the events which occur within the structure of their society. Eréndira and Angela, Pura and the Grandmother are all pivotal to plot, action and development in his works. They share the central anti-heroic spotlight with the men and are equally enchained by the demands of their society and thus suffer the same consequences. Indeed, quite often they are more powerful and more pragmatic than the men as, for example, the Grandmother who outsmarts the priest, and Eréndira who grabs her freedom and runs away from Ulises. But their centrality and their rootedness in their cultures cannot be denied. They are affecting and affected; their influence, though perhaps indirect, is tremendous. They are the stuff of which both myth and reality are made.

Irony similarly informs the vision within which Naipaul views the Caribbean and African countries in which his novels are set. But whereas for García Márquez the colonial experience in his native country has meant a preservation and reworking of tradition within a new environment, Naipaul's environments are totally without traditions or cultural patterns which are powerful enough to weld the societies. Hence his ironic view is a means of inviting the reader to ridicule these societies which, having "nothing" to offer to the modern world, can barely understand and interpret themselves. He therefore brings to his work an external viewpoint, a system of values which is European and which is to him, meaning preserving; and by comparison with which the Caribbean colonial environment must of necessity suffer. It may be said that by the integration of classical and heroic myth García Márquez is also inviting an interpretation which must inevitably cause a diminution of value of the anti-heroic New World environment. But the reader feels that García Márquez' view is far more positive than this: that he is really saying that this is the reality; these are the human foibles and pitfalls out of which legends grow.

Within Naipaul's all-pervasive irony and externality, reality is not tempered by the magical realism of García Márquez. Consequently, his women are far more harshly and unsympathetically treated. Indeed, the remarkable feature of Naipaul's work in these three later novels is the fact that he deals only very slightly with women as an integral part of the society. In no way can his women be said to be affective agents of change or understanding for his men. Rather, the men are shown as grappling with their own attempts to make sense of their essentially futile and troubled existences. The women merely complicate and add to their problems.[10] A closer look at the works in question will illustrate these notions.

All of García Márquez' female characters are natives of his country: and as we have seen, they fulfill all roles – those of mothers, wives, lovers, virgins, whores. It is notable that Naipaul does not attempt to deal with women in all their functional roles and as native members of the society except in very sketchy ways. In *In a Free State* there are no African women. In fact, black women in these Third World societies are almost totally ignored. There is a highly externalised portrait of a black American woman in *One Out of Many*[11] who is nameless and who is treated in a totally demeaning manner. She is used by the author as a means of providing sexual release for the isolated displaced Indian immigrant Santosh; she is the instrument through which he discovers a sense of himself and finally more pragmatically through which he is able to obtain his United States immigrant status. But no picture of her as a member of a particular society emerges; and there are no personal or identifiable links between herself and the man she marries.

One cannot escape the feeling that Naipaul cannot deal with the black woman either sexually or socially because she is to him an unknown quantity; perhaps this chronicler of Afro-Caribbean societies does not understand his societies sufficiently to deal with the most vital elements of these areas – the women. Needless to say, no such statement could possibly be made about García Márquez.

It would be premature, however, to close the discussion of Naipaul's treatment of the black woman without paying attention to Zabeth. This African woman is Naipaul's attempt at capturing the black African woman in a more rounded portraiture. Zabeth in *A Bend in the River* is presented as a sorceress, a leader of her people, an intelligent and honest business woman. She fulfils several roles in her society, and is rooted in its culture performing the arduous but mysterious tasks fashioned within the traditions of her ancestors. Zabeth is also a mother uncomplainingly working to give her son an education and therefore a better future in the new political scheme of things. Naipaul describes her as attractive and unusual:

> It was useless for me to try to 'sell' anything to Zabeth: I had
> to stick as far as possible to familiar stock. It made for dull busi-
> ness, but it avoided complications. And it helped to make Zabeth
> the good and direct business woman that, unusually for an Afri-
> can, she was.
>
> She didn't know how to read and write. She carried her compli-
> cated shopping list in her head and she remembered what she had
> paid for things on previous occasions. She never asked for credit -
> she hated the idea. She paid in cash, taking the money out from
> the vanity case she brought to town with her. Every trader knew
> about Zabeth's vanity case.
>
> It wasn't that she distrusted banks; she didn't understand them.
>
> I would say to her, in that mixed river language we used, 'One
> day, Beth, somebody will snatch your case. It isn't safe to travel
> about with money like that'.
>
> 'The day that happens, Mis' Salim, I will know the time has
> come to stay home'.
>
> It was a strange way of thinking. But she was a strange woman
> [*A Bend in the River*, p.12].

Part of Zabeth's strangeness lies in the fact that she is celibate. She
preserves her chastity by wearing protective ointments which by their smell,
repel men. Naipaul is apparently suggesting here that Zabeth's "wholeness",
her integration within the society, the aura of worth and value which she
exudes, are due to the fact that she has made a life apart from men, and has
consciously denied herself the expression of her sexuality.

This same lack of sexuality is reflected in Salim's fiancée, an Indian
girl, also in *A Bend in the River*. Because of Naipaul's own ethnic identity
we would expect him to deal more sensitively with the Indian woman than
with the African woman and, in fact, these portraits are slightly less sketchy.
But the difference is marginal. The Indian mother in *Tell Me Who to Kill*
is vague, rambling and self-effacing. Shoba, the wife of an Indian merchant
in *A Bend in the River* is really an unidimensional portraiture of a beautiful
but neurotic and hysterical woman more calculated to reinforce the stereotype of the male-dominated East Indian woman, with unhealthy relations
to her father and brothers, who is petted, humoured and indulged by her
husband, because her physical beauty holds him in thrall. There is very
little in these portraits to convince that the author has any true understanding of the Indian woman and her place within the family and the society.
Salim's fiancée, Kareisha, has "an affection for men"; their relationship
is intelligent, friendly, chaste; her physical person does not excite and is not
a factor in the engagement. There is no powerfully feminine identity about
Kareisha; and this fact appears to be the reason that she is acceptable as

Salim's permanent mate.

But as has already been said, these Third World women are really marginal to the major themes and developments in these three works. The major female figures are all Europeans, strangers to the Third World, reinforcing and dramatising the rootlessness of these societies and populations. Moreover, it is through these three, Linda, Yvette and Jane, that Naipaul's most complete statements about women and their sexuality are made.

These white women in the Third World are all there because of the European men who are their husbands or lovers. They are not therefore in full charge of their lives: they are directed by the men to whom they are linked. Linda, in *In a Free State* and Yvette in *A Bend in the River* are both married but their husbands have brought them to the incredible "nothingness" of Africa where they lead intolerable lives. They compensate for their dissatisfactions by being explicitly sexually active: Linda with another expatriate, Yvette with Salim, the Indian born in Africa.

Linda and Yvette are both ridiculed and demeaned in these works. Their sexuality is specifically disdained. Linda is described in the most physically unattractive terms, yellow transparent skin, yellow teeth, "poor little beast", her feminine intimate bodily processes are viewed by her male companion with horror and loathing. As a woman she is barely acceptable to her male companion, Bobby. It is not enough to explain Bobby's fastidiousness around Linda by saying that as a homosexual he may well express an antipathy which is inherent; it is certainly true that Linda sometimes proves more practical and pragmatic than Bobby and that her instincts for survival in alien Africa are far truer than his. The reader views Linda with the antipathy which Bobby manifests; and her sexual engagement has a sordid and unpleasant dimension.

Yvette is even more shabbily treated by Naipaul than Linda is. She is shown as a woman without true emotions or morals. She is engaged in a passionately greedy affair with Salim and possibly others, as well as with her husband. She says:"Older men are not as repulsive as you seem to think, and I am a woman, after all. If a man does certain things to me I react" [*A Bend in the River*, p.234].

Sexual engagement is purely physical; she is a hunter. The male is the delicate sensitive one here. Salim's manhood, his psyche, his future are all endangered by Yvette. He breaks the thrall by violently assaulting her in the most degrading way possible. But women are tough, according to Naipaul. Yvette merely weeps a little, then calls Salim to offer her sympathy and understanding for *his* suffering. It is interesting that Salim's revelation, his firmness of purpose and the decision to leave Africa and change his life come only after he has freed himself from Yvette and her sexual cravings.

But it is Jane, the Englishwoman in *Guerrillas,* who is most severely punished for her suxuality. She is shown as totally without emotion, bored and enervated, using her sexuality to attach herself to men in the hope of finding meaning and purpose in her life, both of which elude her. Devoid of intellect, sensitivity or rationality, she is reckless and impulsive in the extreme. These qualities push her into following Roche to the Caribbean and there to engage in an affair with Jimmy, the guerrilla leader, which leads to her brutal rape and murder. Jane's treatment here is little short of venomous; she is shown as interfering with and upsetting the relations between the men (Roche and Meredith), of contributing to the final derangement of Jimmy. Her demise seems to be a relief for them.

None of these three women play any functional role in these societies; none of them share norms or mores of the societies or even of the men to whom they are linked. They reinforce and dramatise the chaotic world view which these societies are supposed to reveal. They are part of the terror of life in the modern Third World societies.

This discussion of Naipaul's women immediately highlights points of departure from García Márquez' treatment of women some of which have been previously indicated. It is as if there were a debate between García Márquez' tradition and rootedness and Naipaul's perception of loss of traditions and value systems. García Márquez' women are partnered by the men since jointly they must find a means for survival. Naipaul's men, in contrast, can only survive if they escape from sexually active women and define their lives in isolation.

Further, for García Márquez, heterosexual coupling is a fact of life, a need which men must fulfil and in which women must engage. He shows a variety of such relationships -- some lovely and loving, some mercenary, mechanical and grotesque. Such is the variety of forms in which human affairs manifest themselves. For Naipaul, however, heterosexual coupling is dangerous, mechanical, demeaning for the male. The women are man-eaters.

It is interesting that both writers pay some attention to pleas of chastity and virginity. Naipaul approves of the chaste woman in his works. Having eschewed sexuality, other aspects of their humanity are released. In García Márquez, there is a similar idea inherent in Angela's personal development and maturity after the débâcle of her wedding. But García Márquez also suggests that her sexual urges must find an outlet: and they do through her letters. It is an older, sadder and wiser Angela who finally gets the man of her fantasies, and with him the chance at a less circumscribed life. But Naipaul's chaste Zabeth, and asexual Kareisha are far more objects of admiration. Further, it may be noted that with Naipaul, his chaste women are going against the traditions of their free-wheeling societies – whereas for García Márquez, virginity and its loss are all part of the traditions of his society.

These remarks are not intended to suggest that García Márquez does not view the foibles of women with irony and humour. They are by no means sacrosanct but quite capable of duplicity, dishonesty, greed, stupidity, pride. But this is not because they are women, but because they are humans. In Naipaul, women are a breed apart. Here are two views of women and their sexuality by Third World writers from neighbouring environments which are worlds apart.

FOOTNOTES

[1] All subsequent references will be to *Eréndira* in this text.

[2] Helen Pyne-Timothy, "Women and Sexuality in the Later Novels of V.S. Naipaul", (Mary Ingraham Bunting Institute, Radcliffe College, Harvard University, January 1984).

[3] Gabriel García Márquez, *Cien años de soledad*, (Buenos Aires: Editorial Sudamericana, 1976), p.25. All further references to this work appear in the text.

[4] For a detailed analysis of the theme of virginity see T. Avril Bryan, "Virginity: Contrasting Views in the Works of Miguel de Unamuno and Gabriel García Márquez", *La mujer en la literatura caribeña: Sexta Conferencia de Hispanistas* (6-8 April 1983), pp.168-184.

[5] Arnold M. Penuel, "Death and the Maiden: Demythologization of Virginity in García Márquez's *Cien años de soledad*", *Hispania* 66 (December 1983), p.552.

[6] See Michael Palencia-Roth, *Gabriel García Márquez: La línea, el círculo, las metamorfosis de mito*, (Madrid: Editorial Gredos, 1983), pp.152-162.

[7] Gabriel García Márquez, *La increíble y triste historia de la cándida Eréndira y de su abuela desalmada*, (Madrid: Ediciones Alfaguara, 1983), p.152.

8 See Plinio A. Mendoza, *Gabriel García Márquez, el olor de la guay-aba: Conversaciones con Plinio A. Mendoza*, (Barcelona: Editorial Bruguera, S.A. 1983), p.159.

9 Gabriel García Márquez, *Crónica de una muerte anunciada*, (Havana: Casa de las Américas, 1981), p.27.

10 This type of treatment is consistent with Naipaul's deeply held belief that the [male] individual can only survive if he is single-minded and totally dedicated to self and vocation.

11 In *In a Free State.*

6

Eroticism - The Consciousness of Self as Seen in R. Ferré's *Fábulas de la Garza Desangrada* and Lorna Goodison's *Tamarind Season*

Annette Insanally
University of the West Indies
Mona

Sexual discourse, female sexuality, sexual fantasy, male/female relationships, feminine sensibility and consciousness are some of the veins which run through these two collections of poetry. This does not mean that these works are primarily sexual, but then does tragedy need to make us cry or comedy make us laugh to be so classified? Laughter and tears cannot by themselves be the criteria for comedy and tragedy, just as orgasm cannot possibly be the touchstone for sexual fiction. It is writing not life with which we are dealing, so that if we are moved, there must be some vision of life intensely depicted by which we judge the quality of the work. We must be made to feel the meaningfulness of the deaths in tragedy, the marriages in comedy and the orgasms (or lack of orgasms) in sexual fiction. Does sexual fiction then need to arouse us physically — to 'turn us on' — in order to be effective? What is important is the powerful evocation of a sexual, eroticized reality usually effected through an intense concentration on a few physical combinations, so that repetition can hypnotically narrow our focus on crucial psychological truths.

In the poetry to be studied here, these combinations are made both at the level of the physical and the symbolical. In Goodison, for example, the act of sex is described in this way:

> the wind brought me some seeds
> dropped on the slopes of me
> ploughed by you so well (*TS* 28).[1]

In another instance,
>we labour together
>. . . . .
>on a brass-tipped bed   (*TS* 83)

In Ferré, it is more immediately physiological:

>[she places his manhood flush with her lips
>playful, she uncoils fallopian tubes of sounding light.
>
>. . . . .
>she yields to her dozen slaves
>amidst groans that crack like whips
>
>. . . . .
>she sits on them
>and draws all the world's power between her legs] (*FGD*, 14)^2
>coloca su virilidad a flor de labio
>Juguetona, desenrosca trompas falopias de
>>ilumina dos timbres.
>
>. . . . .
>Se entrega a su decena de esclavos
>entre ayes que restallan como fuetes.
>
>. . . . .
>Se sienta sobre ellos
>y rocoge todo el poder del mundo entre las piernas.

Both evocations are equally effective. William Gass, in his "Philosophical Inquiry" into eroticism, *On Being Blue,* states that "The true sexuality in literature — sex as a positive aesthetic quality — lies not in any scene and subject, nor in the mere appearance of a vulgar word, not in the thick smear of a blue spot, but in the consequences on the page of love well made — made to the medium which is the writer's own ...." (p. 43).[3]

Michael Perkins[4] identifies three modes of erotic writing which are convenient for classification of the expressions at hand, which need to be taken in the perspective previously mentioned — i.e. "the expression focuses on crucial psychological truths." He speaks of the assaultive, seductive and philosophical modes of erotic writing which are correspondingly anarchic, sympathetic and intellectual in approach.

The eroticism in *Tamarind Season* is largely created through those expressions of love, female sexuality or fantasy and the celebration of womanhood. It arouses a 'sympathetic' sexual response from the reader's own erotic nature. Within Perkins' line of definition, it is seductive in its mode.

It's in the mating:
>you hold her
>bring her to you now
>in the mating of her
>dancing
>with the playing of your drums (*TS*, 34)

It's: the marron statue sucking the
       lip of the conch shell. . . . .
       that statue could fill the void
       in this bed   (*TS*, 68)·

It's the 'perpetual cane' of sister Cristine who 'married the lord/ and he's never touched her' and so she:

       Strokes its dried juiceless
       veins
       holds it up against the sun
       it is now an icon   (*TS*, 85)·

and it's the 'harsh lover' who

       left sand and salt in my bed
       . . . .
       landlocked, I remember how the
       tide swelled,
       I will be the mother of mermen   (*TS*, 65).

Ferré is more 'assaultive' in her expression. The collection is prefaced by a passionate declaration which presumably is intended to set the tone of her discourse:

       me declaro hoy a favor del gozo y
                  de la gloria (*FGD*, 7)·

       [today I declare myself in favour of
                  pleasure and glory.]

Hers is a more voluptuous, more vigorous, more paradoxical and consequently more complex expression. Amor (love), agonía (agony), sangre (blood), vientre (womb), muslos (thighs), pechos (breasts), sexo (sex, both male and female sexual organs), entrepierna (between legs), semen (semen), deseo (desire), esperma (sperm), caderas (hips), semilla (seed), carne (flesh), orgasmo (orgasm), ombligo (navel) are some of the recurring sexually related elements. Taken out of context, these nomenclatures hardly communicate any sense of the erotic since sexual fiction depends largely on its mental ideational and imaginative character.

In Ferré, female sensibility and a philosophical attitude to the male/female relationship in all its facets — sexuality, role and function — find their expression in this mode. The paradoxes of life and womanhood are addressed:

       el azar es un abánico de plumas
       perfumadas con las que me abanico el sexo (*FGD*, 25).

       [adventure is a fan of perfumed feathers with
       which I fan my sex]

       me acaricio pensando en ti,
       y entro desafiante en ese segundo círculo
       de'angustia y de gozo, pronto a beber
       al filo de mi propia fuente (*FGD*, 25).

[I play with myself thinking of you,
and defiantly I enter that second
circle of anguish and pleasure, soon to
drink from my own fountain.]

sus orgasmos son un pasillo con mil puertas
por el que se disipa y difumina
como quien entra y sale transparente por los ojos   (*FGD*, 21).

[her orgasms are a passageway with a
thousand doors
through which she dissipates and disappears
like someone entering and leaving invisibly
through the eyes.]

intenta orar, maldecir, cantar,
pero de su boca sólo sale un surtidor de hostias
como lunas de semen (*FGD*, 14).

[she tries to pray, to curse, to sing
but only a spurt of hosts comes from her mouth
like moons of sperm.]

The demands of the mind and the body are set against each other in a
rigid and irreconcilable dualism:

el dolor y el placer son un solo cuchillo
que me atraviesa pecho a pecho (*FGD*, 25).

[pain and pleasure are a single knife which
penetrates both my breasts]

and the axe will fall on those who give in to the demands of the body:

Catalina ha resuelto tormarse penitenta:
. . . .
se.pasea desnuda por la orilla del cuarto
bamboleando sus pechos, bestezuelas obscenas
a la vista de todos
. . . .
se entrega a su decena de esclavos
. . . .
se sienta sobre ellos
. . . .
manejándolos con rodillas y riñones
les saca paso a la española y la inglesa
a la turca y a la árabe
la tienen sin cuidado la nacionalidad y la costumbre.
irreverente, irredenta
el ojo del corazón esclarecido
por el sudor vertiginoso de ia muerte,
no le asombra oír volar el hacha [3] (*FGD*, 14-15).

[Catalina has resolved to be penitent:
. . . .
she ambles naked around the edge of the room
swinging her breasts, obscene little breasts,
for everyone to see
. . . .
she yields to her dozen slaves
. . . .
she sits on them
. . . .
she sets a pace in Spanish, in English,
                          in Turkish, in Arab style
she couldn't care less for nationality or custom
irreverent, unredeemed
her heart's eye lustrous
with the giddy sweat of death,
she is not surprised to hear the axe swish.]

The final lines of this quotation seem to point to the triumph of women, albeit fantasised, over the castrative attitude of society to 'immoral' women: "She is not surprised to hear the axe fall." In another instance:

Catalina deslaza sobre el agua
las obscenidades más prístinas de su éxtasis
únicamente cuando silba el hacha. (*FGD*, 7)

[Catalina unleashes on the water
the most pristine obscenities of her ecstacy
only when the axe swishes.]

Analyses have shown that stereotypical images of women in sexual fiction written by men have covered the virgin, the whore, the mother (angel or devil), the submissive wife, the domineering wife, the bitch, the seductress, the sex object, the old maid, the bluestocking, the castrating woman. Few, however, attempt to analyse the paradoxical nature of women. The masculine myth epitomized in Victorian morality is perpetuated — i.e. if a woman is 'pure', a 'lady', she cannot know 'evil' (sexual abandonment); if she is sexually abandoned, she must be 'devilish' and a whore. The rebellion of Goodison's persona Blanche against societal pressures, in this case of racial prejudice which conditions the behaviour of her black suitor who idolizes her whiteness and ignores her sexuality, is expressed in this way:

My thighs weakened but he had gone
handled me tenderly.
My dresden thighs, my icons, my toes
inlaid with ivory, Merde! (*TS*, 68).

The erotic or the sexual is imaged around other concerns which surface in the female consciousness of self. The poems articulate the experience of the legendary sexist discrimination of the woman in society within a creative framework which shifts from the subjective to the objective, from reality to fantasy. This is done by analyzing the role and position of women in a world which has moved from a primordially perfect state (images of the round, totality) to a fragmented state characterized by the act of castration.

Female sexuality is conceived within the wider framework of womanhood and the primordial role of woman as the great mother in the creation myth. Anais Nin shares this view on the nature of female writing:

> Woman's creation far from being like man's must be exactly like her creation of children, that is, it must come out of her own blood, englobed by her womb, nourished with her own milk. It must be a human creation, of flesh ..... Most women painted and wrote nothing but imitations of phalluses, like totem poles, and no womb anywhere.[5]

Images of the round, the archetype of the great mother and things deep or big or embracing which contain, surround, shelter and preserve belong to the primordial matriarchal realm. Within this archetypal framework, the sun and earth are life-giving sources. Goodison speaks of the 'womb of a moon' (*TS*, p. 33), and conceives the fertilization of women in terms of the fertilization of mother earth:

> The forest (as you know)
> is not far from my window
> the wind brought me some seeds
> dropped on the slopes of me
> ploughed by you so well
> I bloomed. (*TS*, 28).

Pam Mordecai, a contemporary of Goodison's, celebrates the child-bearing aspect of womanhood in this way:

> it's strong and warm and dark,
> this womb I've got and fertile:
> you can be a child and play in
> there; and if you fall and hurt
> yourself, it's easy to be mended.
>
> (*New Poets from Jamaica*, p. 15)

The image of the 'garza desangrada' (stork bled to death) which formulates the title of this collection by Ferré, is an interesting one. The stork, symbol and messenger of childbirth bleeds to death. Blood signifies fruitfulness and life, just as the shedding of it means a loss of life and death. The basic phenomenon behind this woman's connection with blood and fertility is the cessation of the menstrual flow during pregnancy by which means, in the archaic view, the embryo was built up. Ferré speaks, for example, of the 'luna de mis menses' (*FGD*, p. 37), 'moon/womb of my menstruation'. In several poems, Ferré draws on the ambivalent nature of the great Mother goddess: the good mother lavishing affection and the wicked, devouring mother. Catalina draws 'all the world's power between her legs' from 'her dozen slaves' (*FGS*, p. 14). The concept underlying this ambivalence is that the female earth needs the fertilizing blood-seeds of the male from the fertilizing agent, the phallus. Woman then rules the animal world of instincts which ministers to her and to her fertility. Within this framework, a matriarchal society is conceived where woman comes first and man becomes; woman first exists as mother and the man as son. Love is then seen in the function of blood-giving.

> 'el amor hay que esperar que llegue',
> la había advertido su madre,
> instruyéndola a reconocer lo auténtico;
> e inscribió de inmediato su estirpe en los archivos
> de limpieza de sangre.
> Desposito su exacta cifra y tasa
> en las bóvedas herméticas de los bancos   (*FGD*, 8).

> ['you have to wait for love'
> her mother had warned her
> directing her to recognize true love;
> she immediately registered her lineage
> in the records of blood lines.
> deposited the exact number and rate
> in the airtight vaults of the banks.]

All phallus cults harp on the anonymous power of the fertilizing agent:

> el amor llegó girando máscaras incontables
> Teseo, Otelo, Cristo
> todos llegaron de frac
> y le ofrecieron el brazo para que escogiera su nombre
> observó per primera vez sus rostres
> al fondo de su propio vientre
> les habló con ternura de su sexo fricativo
> amansó la soberbia en cada uno,
> brotándole de cada pecho un torrente de gansos salvajes (*FGD*, 8).

> [love came with many faces
> Theseus, Othello, Christ
> all arrived, dressed in tails
> and proffered their arm to be named.
> For the first time she noticed their faces
> deep in her own womb
> she spoke to them tenderly of their fricative sex
> tamed the arrogance in each
> shooting from each breast a gush of wild geese.]

The relation of son/lover to great Mother is an archetypal situation and the overcoming of it is a precondition for any further development of ego consciousness. Ferré describes a fragmented world which is symbolized by castration, death and dismemberment correlated with decay of vegetation and the harvesting or felling of trees. The womb becomes:

> un caos de vegetación enloquecida
> una cámara de sombras
> por la que transitan las generaciones *(FGD,* 18)

> [a chaos of maddened vegetation]
> [a room of shadows
> through which generations float]

Her body:

> . . . es una torre de vesania
> girando eternamente en el vacio *(FGD,* 18)

> [. . . is a tower of madness
> spinning eternally in a void.]

She is:

> Medusa y la cabeza poblada de serpientes *(FGD,* 19).

> [Medusa and her head filled with snakes.]

This final reference to the serpents writhing in Medusa's head are not pubic hairs but aggressive phallic elements characterizing the fearful aspect of the uroboric womb. This image of the terrible woman is also found in Goodison, although only in one poem, "She":

> Left him eyeless
> planted in his belly
> a garden of snakes now hissing
> in his head
> she bent to secure the scales
> that lock his feet
> and the face fell,
> revealing the maggots that writhe
> in her real head *(TS,* 36).

The association of dismemberment with birth is also imaged by Goodison,

> The breadfruit tree
> used to reach a logical conclusion
> of leaves and scale-backed fruit

> till the sheet of zinc
> shied by the hurricane's hysteria

> beheaded it.

> and the tree's head worshipped at
> its feet.

> and my brother was born in the eye
> of that storm   *(TS,* 86).

In both Ferré and Goddison, there is the obvious intention to deal with the complexities of womanhood and the harmful effects of a sexist society which, by fragmenting her participation, has fragmented her consciousness. In Ferré, especially, woman is given a fearful power which is channelled towards redeeming her position in society. The example is set by the Nannys in this world and all those women in ancient Greek and Hebrew mythology who found the way to assert themselves in the history of mankind, albeit running the risk of their voice becoming:

> a solitaire's moan
> most knowing
> and forever alone ("Nanny", *Pathways,* Vol. 2, No. 4, p. 3)

The persona in Goodison waits 'without your forest' while in Ferré she declares 'sólo podré quererte antes de muerta' [I can only love you before death]. The pain of womanhood lies in her conflict, divided 'entre mi hambre y mi sentido' [between hunger (sexual) and common sense] (parenthesis mine).

Both collections of poetry are powerfully autobiographical and if sincere, authentic. Authenticity, in art, is essential — as Ferré sees it:

> Las escritoras de hoy saben si desean llegar a ser buenas escri-
> toras, tendrán que ser mujeres antes que nada, porque en el arte
> la autenticidad lo es todo. Tendrán que aprender a conocer los
> secretos más íntimos de su cuerpo y a hablar sin eufemismos de él.
> Tendrán que aprender a examinar su propio erotismo y a deri-
> var de su sexualidad toda una vitalidad latente y pocas veces
> explotada. Tendrán que aprender a explorar su ira y su frustra-
> ción así como sus satisfacciones antes el hecho de ser mujer.
> Tendrán que purificarse y ayudar a purificar a quienes las leen,
> de esa culpabilidad que en secreto las tortura.[6]

> The female writers of today know that if they want to be good
> writers, they have foremost to be women. . . . They have got to
> learn to discover the most intimate secrets of their bodies
> and speak uneuphemistically about it. They have got to learn
> to examine their own eroticism and to derive from their sexual-
> ity a latent and scarcely exploited vitality. They have got to
> learn to examine their anger and frustration as well as their
> satisfaction of being woman. They have to redeem themselves
> and help to redeem those who read them of the guilt which
> secretly tortures them (translation mine).

Woman then has a lot of strength to gain from the consciousness of her eroticism, her sexuality.

FOOTNOTES

[1] Lorna Goodison, *Tamarind Season.* A Hummingbird Publication, Institute of Jamaica, 1980. Hereafter, this book will be referred to in the text as *TS* with page numbers indicated.

[2] Rosario Ferré, *Fábulas de la garza desangrada,* Editorial Joaquín Mortiz, México, 1982, p. 14. Hereafter, this publication will be referred to as *FGD* with page numbers indicated.

[3] William Gass, *On Being Blue: A Philosophical Inquiry* (Boston: Godine, 1975).

[4] Michael Perkins, *The Sacred Record: Modern Erotic Literature* (New York: Morron, 1976).

[5] Gunter Stuhlmann, ed., *The Diary of Anais Nin:* 1934-1939 (New York: Harcourt, Brace and World, 1976, pp. 231-236).

[6] Rosario Ferré, *Sito a Eros,* Joaquín Mortiz, Mexico, 1980, p. 16.

ADDITIONAL BIBLIOGRAPHY

CHARNEY, Maurice, *Sexual Fiction,* New Accents, Methuen, London and New York, 1981.

FERRÉ, Rosario, *Sitio A Eros,* Joaquín Mortiz, México,1980.

FRIDAY, Nancy, *Forbidden Flowers,* Pocket Books, New York, 1975.

FRIEDMAN, Betty, *The Feminine Mystique,* A Dell Book, New York, 1974.

JONG, Erica, *Fear of Flying,* Signet Classics, Canada, 1974.

NEUMANN, Erich, *The Origins and History of Consciousness,* Bollingen Series XLII, Princeton University Press, 1954.

7

El arquetipo del animus en tres cuentistas (E. Garro, R. Ferré y G. Stolk)

Lilia Dapaz Strout
Universidad de Puerto Rico

Cada día se publican más obras escritas por mujeres. ¿Cómo vamos a leer, interpretar y enseñar esas obras? ¿De la misma manera y con los mismos instrumentos de crítica con los que leemos la literatura escrita por los hombres? ¿O vamos a intentar desarrollar un método crítico y aguzar nuevos instrumentos y aprender sobre la psicología de la mujer?

No creo que exista en español, ni en inglés, un término que pueda emplearse para denominar la crítica literaria preocupada con la mujer escritora, es decir, como productora de un significado a través del texto escrito. Los franceses usan el vocablo *gynocritique,* que tiene como tema la psicodinámica del problema del lenguaje de la mujer creadora. La ginocrítica sería entonces diferente, por la tanto, de la crítica feminista que hace, por ejemplo, Millet, ocupada en una lectura como mujer de textos escritos por hombres.

Con un nombre apropiado o no, las que nos dedicamos a la crítica literaria debemos partir de la idea de que la actitud tradicional — y por ello entiéndase masculina y patriarcal (por no decir medieval) con respecto a las creaciones femeninas — tiene sus limitaciones y por la tanto resulta inadecuada. Una perspectiva femenina puede ayudar a captar el total de la experiencia creadora desde diferentes enfoques.

Las ficciones pueden servir para estudiar las fuentes sociales y psíquicas de los símbolos culturales y su adaptación a los cambios históricos. En una investigación sobre cuentistas hispanoamericanas que realicé en la biblioteca de la Universidad de Carolina del Norte en Chapel Hill durante 1981-1983 y todavía en progreso, observé que muchas escritoras incorporan leyendas, mitos y elementos del folklore que han formado su imaginación, así como también juegos infantiles y cuentos de hadas que se adaptan o entienden de otro modo del que se aceptaban en la niñez.

A pesar de su brevedad necesaria, el cuento es un vehículo valioso para la exploración y revelación de problemas no sólo sociales, sino psíquicos. Como muchas de las autoras mezclan la realidad con la fantasía y usan eiementos supernaturales, podemos hablar de un énfasis en el rol de lo inconsciente. Muchos cuentos presentan conflictos que no se transmiten de modo directo sino que se mitigan por medio de una expresión velada, indirecta o permitida. Muchos de los cuentos con los que trabajé se parecen a sueños, que según Freud pueden significar la realización disfrazada de deseos prohibidos o frustrados, o que según Jung son resúmenes de potencialidades no realizadas.

Como los sueños, muchos cuentos son difíciles de entender porque su lenguaje es simbólico y uno necesita usar un método interdisciplinario para poder explicar lo que ocurre. En muchos casos hemos debido trabajar intensamente para extender el mensaje profundo del cuento, porque como el de los sueños, viene de lo desconocido para nosotros.

Aunque la mayoría de las escritoras se aventuran en experimentos de fantasía y sus cuentos poseen una profundidad mítica y una intemporalidad que muestran un deseo de escaparse de nuestra existencia atada al tiempo cronológico, eso no significa que no estén interesadas en la realidad cotidiana, ya que hay numerosos cuentos centrados en la vida familiar, la casa, los hijos y las empleadas domésticas. Pero aun en esos cuentos en los que se trata un problema familiar empiezan a infiltrarse elementos que vienen del misterio. Sutilmente, la irrealidad usurpa la realidad a medida que la mente inconsciente o los elementos irracionales ganan un predominio sobre las facultades racionales. Es en ese hiato momentáneo de la conciencia que empieza la búsqueda de un vehículo de expresión que capte la esencia de la vida por medio del fluir de la conciencia.

En la literatura moderna, esa técnica, según M.A. Abrams, "intenta reproducir el fluir natural de la conciencia, con sus percepciones, pensamientos, juicios, sentimientos, asociaciones y recuerdos." Mucho de lo que se llama fluir de la conciencia está ocupado con el umbral de la conciencia, y los contenidos que se presentan, por lo general, están debajo de ese límite. Ese monólogo interior está muy cerca de la conciencia en el sentido como Jung define ese término, porque el ego está directamente involucrado, consciente de lo que ocurre. Los elementos ocultos permanecen en ese estado hasta que pasan, a través del ego, a la conciencia.

El empleo del fluir de la conciencia o el monólogo interior, y el de la forma onírica como uno de los recursos favoritos de algunas escritoras que quieren eximir sus obras de la exigencia de la claridad, no es un método exclusivo de las mujeres, pero hemos notado un uso persistente de la fantasía, de lo absurdo, lo feérico y de la locura en las creaciones femeninas.

Para la mujer, el recurso del sueño, o de los estados de alucinación y de visión, le permiten superar no sólo la autocensura, sino también la expresión de lo reprimido, ya sea sentimientos o sensaciones, y la representación de situaciones que podrían ser tabúes en el mundo ordinario. En el mundo fluido del sueño pueden suspenderse con mayor facilidad las convenciones sociales, lo que permite la liberación de niveles psíquicos extraños que revelan modos privados o secretos del ser.

La dificultad de las cuentistas de expresar sus conflictos a través del discurso racional y la abundancia de hechos insólitos, grotescos o inverosímiles en gran parte de los cuentos escritos por mujeres, invita al análisis arquetípico. La teoría de Jung sobre los arquetipos puede aplicarse a numerosos cuentos que rechazan una explicación lógica. En mi estudio ha sido muy útil el método de amplificación que la escuela de Jung usa para la interpretación de los cuentos de hadas, los sueños y los mitos, así como los estudios sobre la mujer y lo femenino realizado por la pléyade de mujeres analistas junguianas entre las que figuran Emma von Franz Jung, Marie-Louise von Franz, M. Esther Harding, Jolande Jacobi, Bárbara Hannah, Freida Fordham, Toni Wolff, Frances G. Wickes, June Singer, Ann Belfod Ulanov y otras.

En *Modern Man in Search of a Soul* Jung ha declarado su alta opinión de la fantasía,[2] y en el capítulo "Psicología y literatura" ha distinguido entre los modos psicológico y visionario en la creación artística. Según Jung, hay un arte que tiene que ver con la superficie consciente de la experiencia, y hay otra clase que se relaciona con lo primordial, es decir con los arquetipos del inconsciente colectivo. La literatura visionaria se parece a los sueños más que a la realidad exterior.

El inconsciente colectivo posee contenidos que no se originan en adquisiciones personales sino en la posibilidad heredada del funcionamiento psíquico en general, esto es, en la estructura heredada del cerebro. Estos contenidos son las asociaciones míticas, los "motifs" e imágenes que surgen en cualquier momento, independientemente de la tradición histórica o la migración. Jung llama arquetipos a las formas primordiales que surgen del terreno preverbal del inconsciente y que existen en un estado incipiente e indescriptible hasta que se les da forma en la conciencia. Las imágenes arquetípicas son formas literarias derivadas de originales inconscientes. Los arquetipos pueden ser imágenes y patrones narrativos que varían según la percepción que de ellos tiene el individuo creador de los mismos. Como los arquetipos no son absolutos ni fijos sino fluidos, un mismo arquetipo puede ser percibido de modo diferente por cada escritor/a. Aunque el número de los arquetipos es ilimitado, pueden clasificarse. Jung afirma que la sombra, el ánima y el ánimus son los arquetipos más claramente caracterizados y son los más frecuentes, así como los que tienen más influencia perturbadora sobre el ego. Otros arquetipos son el niño, el viejo sabio, la madre, la doncella, el trampero y el sí mismo. Hay también patrones o temas arquetípicos: el viaje del héroe y el de la muerte y renacimiento, entre otros.

La experiencia heroica supone el enfretamiento con los símbolos del inconsciente en un proceso que Jung llama individuación y que define como el proceso de convertirse en un ser entero, homogéneo. Individuación es autorrealización. El verdadero viaje del héroe es una fase de la búsqueda interna por la autorrealización o la individuación. Para iniciar este camino de la individuación es necesario separar al ego del mundo de la madre (la matriz) y distinguir más tarde la identidad del ego individual de la norma colectiva. Esto no significa que uno se separe de la sociedad ni la desdeñe. Por el contrario, ayuda al individuo a realizar lo que hay de único en él en su propio ambiente. La individuación conduce a una estima natural de la norma colectiva, en vez de una separación o una fusión con la norma. El rol del ego es crucial en el proceso de individuación, porque es a través de él que los símbolos del inconsciente se vuelven conscientes. Cada fase de este proceso se caracteriza por una muerte y un renacimiento simbólicos.

Como la búsqueda o viaje del héroe, el proceso de individuación empieza con un llamado, posiblemente en la forma de un daño o herida a la personalidad, un aburrimiento mental, o un miedo existencial (experiencia del vacío). El próximo paso es la realización de la sombra, luego el del ánima para los hombres o el del ánimus para la mujer, y finalmente la del sí mismo o *Self*.

En general, el análisis de la literatura desde el punto de vista de la psicología profunda de Jung explora las etapas del proceso de individuación. Algunas obras de arte como la novela son lo suficientemente extensas como para describir el éxito o fracaso de lograr la integridad a la que se aspira. Otros géneros literarios, como el cuento, pueden sólo abarcar parte del proceso.

En los cuentos en los que me detendré a continuación, se observa claramente la presencia del arquetipo del ánimus, que para la mujer es un compuesto de potencialidades masculinas, la imagen innata del hombre latente en la psique femenina. Jung llama ánima a la suma de los elementos femeninos que residen en el hombre y ánimus a los elementos masculinos que existen en la mujer. El ánimus y el ánima constituyen la función de relación entre el yo y el no yo, la *liaison* entre la psique personal y el inconsciente colectivo. El ánima nos es más conocida por su aparición personificada en muchas obras de autores masculinos y ha sido más estudiada por los psicólogos y los críticos literarios. El ánimus no nos es tan conocido por la negligencia con que se ha estudiado a la mujer y sus producciones literarias.

El ánimus puede aparecer como maestro, juez, monje, profeta, mago, violador, príncipe azul, guerrero, aviador, deidades como Zeus, Dionisos, Apolo, Pan, animales como el toro, el águila, el perro, entre otros aspectos. El ánimus se relaciona con el Logos paternal de la misma manera que el ánima se corresponde con el Eros maternal. El ánimus da a la conciencia de la mujer la capacidad de reflexión, deliberación y autoconocimiento.[3] Así como el hombre necesita la mediación de la diosa o de la figura del ánima para que lo libere de su propia materialidad, la mujer necesita la mediación del dios o de su ánimus en su rito de autodescubrimiento. En "La culpa es de los tlaxcaltecas" de Elena Garro[4] el ánimus se personifica en un indio malherido con el que la protagonista hace contacto en un puente, mientras se encontraba sola esperando la ayuda que su suegra Margarita había ido a buscar a raíz de que el automóvil en el que viajaban se descompuso. El viaje de Laura, que ofrece una de las mil caras posibles del viaje del héroe, no ocurre en el México empírico, sino en el México eterno. Cuando Laura ve al indio todo flota en una atmósfera de intemporalidad mítica, en un sin tiempo, como si una intromisión de lo eterno hubiera ocurrido en el tiempo normal que se mide con los relojes.

La mezcla del presente, el pasado reciente y el pasado lejano es la técnica que emplea la autora para narrar la experiencia de Laura. La cocinera prepara café mientras Laura cuenta su historia del viaje a Guanajuato donde se encontró con un indio, al que ella considera su primo marido, herido en el hombro y la mano izquierda. Cuando su suegra regresa al automóvil inmovilizado, se sorprende al encontrarla sucia de sangre y tierra. Al día siguiente la criada Josefina anunció que alguien estuvo espiando por la ventana de la señora Laura. Pablo golpeó a su mujer. La señora decide ir a buscar al indio al café de Tacuba y ve su casa de infancia mientras se incendiaba. Cree regresar a su casa presente esa misma tarde, pero han pasado dos días. El esposo trajo un médico que la atendía todas las tardes. La vigilan y como sólo habla de la Caída de la Gran Tenochtitlan y lo único que le interesa es la lectura de la Historia de Bernal Díaz del Castillo, creen que está loca. Después de unos días de encierro deciden que reanude sus paseos para que no aumente su depresión. Mientras su suegra comía un helado en el Bosque de Chapultepec se escapa y vuelve a encontrarse con el indio. Tiene unas visiones de muertos que flotaban en los canales. A pesar de que él se marcha y le dice que la espere, ella decide regresar a su casa. Ella cree que sólo ha pasado una tarde, y han pasado diez días. Su marido se ha ido a Acapulco después de la investigación de la desaparición de su mujer. Así llegamos al regreso de Laura con que se inició el cuento. Alguien viene a buscarla y se va para siempre. Nacha, que abrió la puerta para dejar entrar a la señora unas horas antes, deja todo en orden después de la partida de aquélla, y al día siguiente se marcha ella también.

Este resumen más o menos breve del argumento no da una idea de lo incomprensible que resulta en la primera lectura. Una interpretación literal es imposible pues no describe una situación mimética y hay que tener en cuenta la fragmentación del personaje del indio y el marido, el desdoblamiento de la protagonista, la desaparición de las categorías del tiempo y del espacio, la alienación de las sensaciones, así como el simbolismo de ciertos elementos como el puente, el vértigo, la sal, y sobre todo el lago y el indio.

Hasta hace poco la crítica carecía de los instrumentos necesarios para explorar este texto surrealista, que rechaza el análisis tradicional. Revela el proceso de individuación de la protagonista, Laura, y se puede catalogar como un cuento de iniciación en el que la candidata, que lleva siempre el mismo vestido blanco aunque esté manchado de sangre y quemado, pasa por una serie de pruebas en el pasaje de una etapa en la que se aburría, a otra de mayor conciencia.

Contado en tercera persona por un narrador omnisciente, hay una simpatía o identificación obvia del narrador con la protagonista Laura y casi podría describirse como una narración personal, un estilo de tercera persona que en verdad está ofreciendo otro nivel de una reflexión personal.

Empieza con el retorno de Laura a su casa, ante la sorpresa de Nacha que la recibe con un "Nosotros ya la dábamos por muerta" (p. 9). Este regreso postiniciatorio sirve como una pausa que le permite recolectar todo lo pasado en los dos últimos meses y para darle sentido a la experiencia vivida en la zona del sin tiempo. Es importante que esta escena ocurra en la cocina, lugar de transformación, dominio de lo femenino, y que la acción empiece con la consigna que se da en las iniciaciones: callar. Laura impone silencio a la cocinera poniéndose un dedo en los labios. Ha regresado con secretos que va a compartir con su confidente y doble (y con nosotros los lectores).

Pero no regresa para quedarse, porque la iniciación en la que ha participado cambia fundamentalmente su manera de ser. El que ha vivido una experiencia como la de Laura siente que el mundo entero ha cambiado, por eso "miró su cocina como si no la hubiera visto nunca" (p. 9). Esto es porque la verdadera estructura de la psique ha cambiado, de modo que sus reacciones, su percepción de sí misma y sus pensamientos no son como eran. Se ha vuelto más creadora y ontológicamente más real. Su crecimiento se ha producido por la adquisición de poderes y capacidades que antes no sabía que poseía.

"Ensimismada", en la cocina, relata la experiencia pasada desde que abandonó el tiempo histórico para entrar en un modo de existencia propio del mito, en una regresión "hasta la niña que fui" (p. 11). Para lo colectivo, ese retroceso significa una vuelta a la época de los habitantes naturales, es decir, a los indios. Con su anamnesis, Laura espera llegar a una mejor comprensión de la traición a sí misma, a hacer una evaluación más justa de la culpa adquirida por la traición, y quizá encontrar en la confesión la suficiente penitencia. Como la memoria contiene todos los tiempos, la heroína funciona en un mundo en el que las restricciones temporales y espaciales no funcionan. Su modelo mítico es Perséfone, que desaparece para reaparecer. La identificación con una heroína mítica que desciende al mundo de los muertos o al Hades libera a la neófita de las limitaciones de la existencia al embarcarla en un viaje cósmico que la aleja de los confines de una casa particular, ciudad o área local. Así se convierte en un ser más allá del tiempo y de la muerte, y como Perséfone deja el territorio de los vivos, desciende en el mundo subterráneo o inconsciente colectivo, enfrenta la muerte con la visión de los muertos y regresa.

Cuando expresa que "todo lo increíble es verdadero" (p. 12), es porque se ha dado cuenta de que lo que le ha ocurrido tenía sentido, que la vida no es una serie de automatismos ciegos, absurdos o inútiles, sino que hay un patrón, un diseño secreto, una lógica, aunque no sea la de la razón, sino misteriosa. Terminada su iniciación, Laura debe reingresar en el tiempo histórico, pero el que se ha salido del tiempo no puede volver a ser el mismo. Cuando abandona la casa, Nacha resume la situación: "--Yo digo que la señorita Laurita, no era de este tiempo, ni era para el señor..." (Los puntos suspensivos son nuestros, p. 33).

Hacia el final, cuando Laura ha terminado su recolección, el pronombre él y la expresión "el señor" se usan indistintamente para el indio y para Pablo. A lo largo del cuento, al referirse a aquél lo llama "primo marido", lo que establece un parentesco carnal ya que los padres de ambos eran hermanos, pero también podría entenderse como primero o primordial, es decir arquetípico. Al hablar del indio dice en algún momento "el marido" y a Pablo lo llama "marido nuevo".

Jung ha afirmado que en un sueño, alucinación, mito o cuento de hadas, los personajes que allí aparecen pueden verse como aspectos, cualidades o facultades del soñador. Esta idea puede aplicarse al cuento que nos ocupa. La escritora percibe las diferentes tendencias psicológicas de su protagonista en forma personificada, como si fueran diferentes personas, como si se tratara de la narración de un hecho objectivo, y no una introspección, que se señaló con el "ensimismada" del comienzo. Laura, la protagonista, encarna la actitud femenina de la conciencia del ego enfrentada con el problema de asimilar lo masculino en ella que se personifica en el indio y el marido. Esta dualidad es la que crea el conflicto. Durante la integración de los elementos dispersos de su experiencia pasada, Laura parece estar moviéndose entre dos polos opuestos y una posesión exagerada de su ánimus positivo y negativo que se encarnan respectivamente en el indio y su esposo, Pablo. Laura encuentra semejanzas y diferencias entre ellos, y no nos soprende que sea Pablo el que diga "--Tienes un marido turbio y confuso" (p. 17). Al final del cuento nos enteramos de que Pablo se ha ido al mar hace diez días y que ha adelgazado durante la investigación para descubrir el paradero de Laura. Esta pérdida de peso puede significar que las características que él encarnaba han dejado de tener efecto sobre ella, o que Laura lo ha liberado de su sombra colectiva encarnada en el indio.

En el opus alquímico, en el que Jung encontró patrones ancestrales del proceso de individuación, a menudo, la figura femenina estaba casada con un tipo de hombre inadecuado y la tarea heroica consistía en separar a la pareja.

El alejamiento de Laura y Pablo, este desenlace del cuento, es el fruto de una experiencia numinosa producida en lo profundo de la psique que impone la ruptura.

Los diálogos con Pablo y los comentarios de las criadas y la suegra revelan que Laura no tenía la conexión adecuada con el principio masculino representado por su marido. Su crisis, a la que en el texto se alude como "depresión" y "está loca" (p. 28), indica lo difícil de la situación que atraviesa y lo insatisfactorio de su vida matrimonial. Cuando Laura está detenida, atascada e inmovilizada en el puente del lago de Cuitzeo, la blancura del lugar le produce vértigo y la realidad explota en mil fragmentos. Vértigo es una sensación desconcertante de caída en el vacío, en la nada, una imposibilidad de mantener el equilibrio.

La autora sugiere de varias maneras la crisis depresiva de Laura. El vacío existencial se representa con la falta de gasolina que produjo el paro del auto en Mil Cumbres y el paro total en el lago. Si la mujer tiene dones creadores que no ha usado, esa energía permanece inconsciente y crea problemas. Puede dedicarse a hacer tonterías, a chismear o de lo contrario se aburre. Pero también esa energía puede derramar contenidos inconscientes sobre la conciencia y llevar a una desintegración de la personalidad. Laura aparece movida por fuerzas que ella no puede controlar y entra en un estado de alucinación en el que "ve" al indio en el puente del lago. Para los griegos y romanos, los lagos eran los entradas al mundo suterráneo o Hades. En el instante detenido en que aparece el indio, el inconsciente le ofrece un símbolo para restaurar la hierogamia, o sea la unión de los principos masculinos y femeninos. El indio trae una nueva posibilidad frente a la actitud consciente existente.

Es a partir de esta disolución de su conciencia que Laura experimenta la súbita necesidad de cambio. El indio, como ánimus la lleva a la realización de la parte interior que ella no ha desarrollado. Esta situación nueva interfiere con el matrimonio, es decir con la situación en ese momento. Si tomamos a Pablo no como un marido exterior sino como una figura interna que la ata y la tiraniza, podemos ver cómo él representa una actitud colectiva dominante negativa y parcial. Seguir con Pablo significaría continuar atada a las convenciones colectivas que son las que el marido propone y encarna.

Desde su encuentro con el indio, Laura entiende que no puede seguir siendo la musa inspiradora sumisa y callada que sugiere su nombre vegetal. La nueva situación le permite darse cuenta de su relación con un hombre que la aburría, por lo que afirma: "- ¡Lo que son las cosas, Nachita, yo nunca había notado lo que me aburría con Pablo hasta esa noche! " (p. 16). Según las criadas, "la señora Laura se aburría oyendo hablar siempre del señor Presidente y de las visitas oficiales" (p. 16). Enferma de funcionar de acuerdo con las reglas colectivas, es forzada por su "locura" a encontrar lo que hay de original dentro de sí, volver a lo espontáneo y quizá salvaje para los demás, que es lo opuesto a la artificialidad de las visitas oficiales. ¿Qué cosas descubre Laura sobre su esposo? Oigámosla hablar: "Pablo no hablaba con palabras sino con letras" (p. 17); "Este marido nuevo, no tiene memoria y no sabe más que las cosas de cada día" (p. 17); "Pablo se enfurece por nada" (p. 17); "Sus gestos son feroces y su conducta es tan incoherente como sus palabras. Y no tengo la culpa de que aceptara la derrota" (p. 19); (el marido) "volvía a ser absurdo, sin memoria, y sólo repetía los gestos de todos los hombres de la ciudad de México" (p. 20); "Cuando se enoja me prohibe salir" (p. 20); "arma pleitos en los cines y en los restaurantes" (p. 20). La parcialidad de la visión de Pablo, la expresa Laura cuando dice que tenía un ojo muerto (p. 17).

Como ánimus positivo, el indio la ayuda a tener experiencias que traen el inconsciente colectivo a la vida. Cuando él la conecta con esa área de su ser, ella no vive más en la conciencia limitada del ego, sino con todo su ser. El la despierta de su muerte en vida y de su esterilidad, que se expresa con el dato de que Laura y Pablo no tienen hijos. Esto, psicológicamente hablando atestigua que la conexión con el campo fértil de la psique se ha roto y que hay un abismo entre los valores y las ideas de la conciencia colectiva --representada por el Presidente con el que Pablo parecía estar asociado-- y la capa oscura pero fecunda de los arquetipos del inconsciente colectivo, de los cuales el indio es un mensajero, y de cuya voz dice Laura "Me pareció que su voz salía del fondo de los tiempos" (p. 30).

Cuando se entra profundamente a analizar lo que es el ánimus, uno descubre que es una divinidad y que a través de su relación con él la mujer entra en una experiencia religiosa genuina que puede ser vista como locura por los demás. Yo me permito hacer un juego de palabras, el in-dio es un dios interior, un ser numinoso cargado de mana, cuyo poder sobre Laura es irresistible. Los otros lo ven como un brujo. Emma Jung dice que el ánimus hace posible el desarrollo de una actitud espiritual que nos libra de la limitación y la prisión de un punto de vista estrictamente personal y que esto puede darnos gran ayuda y tranquilidad.[5]

Cuando una mujer con una conciencia desarrollada siente la promesa de una actividad significativa acumulada en el ánimus, es inútil tratar de huir o de probar su significado intelectualmente. En su lugar una debe usar esa energía provista por el ánimus de una manera adecuada por medio de la dedicación a un trabajo consciente y creador que pueda librar de la posesión. Esto es lo que hace Laura al dedicarse a la lectura de la Historia de Bernal Díaz del Castillo, y que para su suegra es un signo de que está loca.

Esta locura iniciática es parte de la disolución de la vieja personalidad que sigue al descenso al Hades, a la Noche Triste sugerida por Tacuba. Su locura puede significar el alejamiento de la vida convencional, de la orientación hacia el racionalismo y el empirismo que se asocia con la razón en nuestra sociedad. Roland Laing interpreta el descenso en la locura como una lucha por la liberación de falsas actitudes y valores y un encuentro con sentimientos e impulsos primarios que constituyen la posibilidad de un renacimiento del verdadero ser.[6]

Nos detendremos en el segundo cuento, "La casa invisible" de la puertorriqueña Rosario Ferré[7]. Cuando un cuento empieza con un "Erase una vez" como comienzan los cuentos de hadas, este inicio imparte al texto un status especial y se establece un pacto singular con el lector. Pero hay muchas maneras poéticas para expresar un hecho que ha ocurrido a la manera del "Erase una vez" o "Había una vez". Mircea Eliade y algunos mitólogos después de él lo llaman a ese momento *illud tempus,* la eternidad sin tiempo.

En "La casa invisible" nos instalamos en esa intemporalidad desde la frase inicial: "Hace siempre, dijiste." Este comienzo coloca los acontecimientos narrados fuera de toda realidad y previene al lector de toda posible interpretación realista o mimética. No hay contaminación con el mundo nuestro cotidiano y alude a una realidad invisible, es decir, inconsciente. Nos encontramos con un texto que casi no tiene sentido cuando se lo toma literalmente. Pero el efecto sobre el lector es poderoso. Entonces el crítico se siente obligado a buscar un significado más allá de lo literal, un significado metafórico o simbólico.

Aunque el narrador es un hombre de características catónicas y subterráneas, el centro del cuento es la niña con un delantal blanco, cuya curiosidad al hacer tantas preguntas sugiere que está enfrentándose con su ánimus incipiente. El narrador posee una naturaleza muy primitiva, según se deduce por las preguntas que la niña le hace y él repite para nuestra información: "porqué *(sic)* te han crecido los cabellos largos como plumas, porqué *(sic)* comes raíces" (p. 19). El narrador mismo se compara con un perro viejo que olfatea el rastro de la niña (p. 20).

De contenido mínimo, menos de dos páginas, el cuento posee una numinosidad típica de la presencia de los arquetipos. Casi podríamos hablar de un encuentro de opuestos: un viejo de características extrañas que merodea por el borde de la plaza, oculto entre los árboles, y una niña de escuela primaria a la que atrae con caramelos. De tratarse de una situación realista pensaríamos que se refiere a un intento de violación. Pero como sin duda se trata de un arquetipo, creemos que se relaciona con lo que Annis Pratt llama "el amante del mundo verde"[8], una figura que se corresponde con el papel que en la mitología se representa por Pan o Dionisos, y que aparece a menudo en la ficción femenina, pero al que yo prefiero incluir dentro del arquetipo del ánimus según lo expresado en otro momento de este trabajo.

El ánimus, desde la oscuridad de su inconsciente, espera ver claro algún día por los ojos de la niña que él ha atraido hacia su mundo forestal y primigenio, en donde ella se mueve ciega, quizá porque se trata del terreno oscuro de la inconsciencia de donde el ánimus espera algún día salir con la ayuda de la joven.

El viejo atrae a la niña con un juego en el que ella mágicamente participa y que tal vez se llame la casa invisible. Este adjetivo parece calificar un proceso más que una cosa concreta como una casa, proceso que ocurre fuera del campo de la visión, o bien un proceso mental alejado de la conciencia. Como todos vivimos en una casa, en una ensoñación o fantasía una casa puede significar el espacio vital, un símbolo de nuestra propia personalidad. Esa casa invisible alude al espacio inviolado del alma humana que une lo masculino y lo femenino.

El tercer y último cuento que estudiamos es "El mundo de Luz García" de la venezolana Gloria Stolk.[9] Presenta la historia de una niña de doce años que se enfrenta con la ceguera. Gracias a la mediación del maestro de la escuela se le consigue que una Institución de la ciudad se encargue de la operación que le devolverá la vista pues su caso tiene remedio. Como el doctor que la va a operar debe ausentarse por un viaje por un tiempo, la mujer que la trajo a la ciudad le sugiere que se invente un mundo en el que viva día a día. En el proceso, se le enseña al lector cómo inventarse el suyo propio, lo que Ronald Sukenick llama "the main didactic job of the contemporary novelist."[10]

La autora construye un cuento en que la protagonista a su vez toma el rol de cuentista en el ensueño con que se saca de encima la tristeza de la espera antes de la operación que le restaurará la vista. El velo sobre sus ojos con la pérdida temporaria de la visión le permite un escape momentáneo de la realidad. La ceguera de Luz es como una sombra que pone distancia entre su realidad externa de suma pobreza y miseria material y la situación que ella desea e imagina.

En el cuento que se cuenta a sí misma, el sillón donde se sienta es una casita verde en medio de un paisaje con un río bordeado de flores. El silencio que le rodea en el hospicio es música para sus oídos. Se imagina una amiga, Malvina, que tiene un novio, cuyo hermano de quince años vendrá algún día a conocerla y le traerá un regalo. A este joven, Luz lo llama Rolando.

Eximida de asistir al entrenamiento que se da a los otros ciegos porque ella volverá a ver, Luz pasa todo su tiempo ocupada en su ensoñación. Los fantasías y visiones de un amante imaginario al que llamamos ánimus, desempeña una parte necesaria en los cambios psicológicos de la pubertad. Pero esa absorción con el sueño del amor debe ser una fase pasajera, aunque las niñas muestran una insistencia en esas fantasías. Cuando hay dificultades para hacer contactos con amigos, es posible que la joven se retire al mundo de los ensueños diurnos donde el joven juega el rol que ella quiere que juegue. Aquí tenemos el nacimiento del amante fantasmal. Poseída por este arquetipo, Luz aparece ante los demás como si estuviera en la luna: "-¿Qué le pasa a esa niña, que está como en la luna?" (p. 144). Este es el efecto típico del ánimus que en "La culpa es de los tlaxcaltecas" llevaba a Laura a soñar con los ojos abiertos, por lo que las criadas la creían enamorada.

La falta de relación con el mundo exterior hace que Luz quede a merced de los procesos internos de su inconsciente colectivo. Lo saludable de su situación es que ella intuitivamente sabe cómo relacionarse con los contenidos arquetípicos y usa sin saberlo el método que Jung llama imaginación activa.

Como el amante imaginario es un pescador, vemos cómo, por transferencia ella le atribuye su propia capacidad de pescar en el inconsciente. Luz, que ha aprendido en la escuela de la vida a cuidar de sus tres hermanitos y a hacer de madre desde muy niña por la pobreza familiar, distingue claramente entre lo que es real y lo que es imaginado. Otras mujeres no pueden hacer esta distinción. Es este conocimiento de la realidad que le espera lo que le produce la tristeza cuando recibe la noticia de que el día de su operación ha llegado y recuperará la vista.

Para concluir, los tres cuentos analizados en este trabajo presentan situaciones o conflictos con caracteres que no pertenecen al mundo exterior sino que son fragmentos o porciones separadas de la totalidad de la psique que residen en la profundidad de la misma. Estamos conscientes de que nuestra interpretación es relativa, pero no dudamos de que al emplear la teoría de los arquetipos del inconsciente colectivo pueden entenderse mejor.

<hr/>

NOTAS

[1] M.H. Abrams, *A Glossary of Literary Terms* (New York: Rinehart 1957), p. 60.

[2] C.G. Jung, *Modern Man in Search of a Soul* (New York: Harcourt, Brace and World, Inc., n.d.), pp. 66, 152-172.

[3] C.G. Jung, *Aion: Researches into the Phenomenology of the Self* (Princeton: Princeton University Press, 1979), pp. 14-16.

[4] Elena Garro, *La semana de colores* (Xalapa, México: Universidad Veracruzana, 1964), pp. 9-33.

[5] Emma Jung, *Animus and Anima* (Zurich: Spring Publications, 1974), p. 40.

[6]Ronald D. Laing, *The Divided Self* (1959; rpt. Harmondsworth, Middlesex: Penguin Books, 1971), pp. 94-95 y 168-71.

[7]Rosario Ferré, *Papeles de Pandora* (México: Joaquín Mortiz, 1976), pp. 19-20.

[8]Annis Pratt, *Archetypal Patterns in Women's Fiction* (Bloomington: Indiana University Press, 1981), p. 22.

[9]Gloria Stolk, *Angel de piedra* (Caracas: J. Villegas, 1962), pp. 137-148.

[10]Ronald Sukenick, "The New Tradition in Fiction", in *Surfiction: Fiction Now and Tomorrow,* Raymond Federman, ed. (Chicago: The Swallow Press, 1975), p. 41.

8

El fundamento histórico de la narrativa afro-antillana

Julio Ariza González
University of the West Indies
Mona

George Lukács en su elocuente estudio sobre la novela histórica plantea el siguiente criterio muy acertado que aceptamos por su concluyente y penetrante contenido: "la verdadera comprensión de los problemas de la sociedad contemporánea sólo puede darse a partir de la comprensión de la prehistoria, de la historia del surgimiento de esta sociedad" (*La novela histórica*, Edic. Era, Mex. 1971, p. '284). Compartimos este punto de vista porque expresa una realidad universal, además encaja perfectamente y nos sirve de guía conceptual para el estudio de la narrativa afro-americana y antillana.

Las ideas contenidas en el método aplicado por Lukács sobre "el historicismo en la literatura" se reducen a dos principios fundamentales: a la "investigación de las acciones recíprocas entre el *espíritu histórico y esa literatura* que se afana por exponer la sociedad en su totalidad" (p. 10) y lo que él considera definitivo "la investigación de la *acción recíproca entre el desarrollo económico y social y la cosmovisión y forma artística que surge a partir de este desarrollo*" (p. 11). Analizar estos dos principios en este momento nos apartaría un poco del tema que nos concierne, sin embargo podemos señalar que ellos nos ofrecen una valiosa perspectiva analítica porque compendian conceptos fundamentales a los que debemos acudir necesariamente siempre y cuando se plantea la cuestión histórica o la interrelación entre la literatura y la historia, "la acción recíproca" de que nos habla George Lukács. La historia contiene todos los fundamentos del desarrollo social, cultural e ideológico de un pueblo. La literatura viene a ser una forma de evidencia o prueba de las tendencias o direcciones que han seguido las ideas, los cambios socio-económicos que han influido en las concepciones del mundo y los movimientos artísticos. Así se entiende el porqué de ciertos temas literarios con un propósito de despertar conciencias fueron explorados o explotados por individuos oprimidos, o solidarios con las sociedades marginadas o alienadas.

Partiendo de las ideas expuestas podemos reconocer la necesidad de examinar las tendencias filosóficas, las creencias y mitos, las corrientes literarias de una época en Europa para iniciar una interpretación histórica o la evolución de la producción literaria de las antiguas colonias sea en Latinoamérica o en las Antillas. Está bien demostrado que la problemática del negro se origina y fundamenta en los conceptos y creencias constitutivos de la mentalidad europea de la época medieval (y que en América se amalgamó con el universo africano). Fueron los conceptos sociales y mitos religiosos los que determinaron la percepción del mundo y el papel del colonizador en las Indias. De aquí surgen las ideas preconcebidas sobre el papel histórico del hombre europeo y sus ideales de conquista para transformar el resto de la humanidad. Partiendo de los fundamentos anteriores podemos reconocer la necesidad de examinar las tendencias e ideas filosóficas, creencias y mitos, las escuelas literarias de una época en Europa para iniciar una interpretación de la producción literaria en la colonia. Además debemos tener presente que con la adquisición del lenguaje se infiltraron las ideas, los valores que contribuyeron a la formación de una actitud y mentalidad, todo bien condensado en un período histórico del desarrollo humano. Ya en el siglo XVIII el escritor napolitano Vico sostenía: "minds are formed by the character of language not language by the minds of those who speak it".[1] Con mucha razón señala Alejo Carpentier que el hombre avanza o camina de espalda en la historia, concentrando su atención en el pasado, aquí coincide con Lukács que defiende el mismo criterio. De allí la importancia de conocer las ideas de una época para comprender el desarrollo no sólo de un género literario sino también para seguir de cerca el desarrollo la obra de un autor en particular. Por ejemplo para tener un conocimiento de la evolución de la narrativa de Alejo Carpentier hay que partir de las circunstancias de esa época en que escribió su primera novela *Ecue-Yamba-O*. Cuando leemos a *El siglo de las luces* y *El reino de este mundo* tenemos conciencia de la necesidad de poseer un sólido conocimiento de la historia, del desarrollo de las ideas filosóficas y para situarnos en la época y establecer las distancias temporales; pero el conocimiento no es suficiente, es fundamental una profunda comprensión de la historia con el propósito, de hacerse de ciertos fundamentos analíticos, para situarse verdaderamente en la época, comprender las actitudes y la mentalidad que las rige, al mismo tiempo el punto de vista, las imágenes o símbolos dentro de la obra narrada. De otra manera el ejercicio hermenéutico se perdería en su objetivo básico, que consiste en mostrar con suma claridad la visión del mundo recreado. La interpretación histórica propia de Alejo Carpentier difiere, digamos de la de Azuela en *Los de abajo,* no sólo desde un punto dialéctico sino también lingüístico. Aquí se puede argüir que cada autor representa o expresa su propio mundo; es un argumento válido a causa de la individualidad inminente en la creación artística, sin embargo debido a esa misma individualidad, la interpretación de la historia puede estar influida o dominada por los sentimientos o emociones del momento histórico, como ha sido el caso de Azuela. ¿Se debería permitir o aceptar una mitificación o falsificación de la historia? Las circunstancias de la creación establecen las diferencias de perspectivas narrativas, Azuela vivía la historia, los profundos cambios que se perfilaban y en tal sentido cierto compromiso político lo mantuvo a la periferia de los hechos. Su incapacidad de interpretación histórica, la distancia anímica del espectador lo situó en la encrucijada de los desilucionados y arrepentidos. La dificultad de juzgar acertadamente una circunstancia social en ebullición permitió el imperio o control de los sentimientos o emociones, así el ofuscamiento resultante fue inminente.

Las posiciones individuales del creador están circunscritas a las circunstancias históricas de su realidad. Por ejemplo, podemos observar como la historia vivida por las diferentes naciones de la región caribeña ha determinado tendencias estilísticas, temáticas, políticas, culturales, etc. Estas diferencias son evidentes en la producción literaria, y han sido determinadas por el proceso económico y social que experimentan, así notamos que el período colonial y de la independencia se constituyen en centros creadores, en fuentes para la exploración artística. Temas como identidad, colonaje, colonización, explotación, imperialismo, esclavitud, lo racial, etc. son producto de una época, de un desarrollo histórico, de un proceso dialéctico, tienen actualidad pero con el paso del tiempo pueden perder su vigencia. Podemos afirmar que algunas de las preocupaciones actuales dejarán de tener sentido para las futuras generaciones, como lo demuestran el paso de los movimientos o corrientes artísticas, literarias, el cambio de las ideas. El renacimiento, clasicismo, naturalismo, la ilustración ó de las luces, modernismo, hicieron su impacto pero han perdido la actualidad.

Tales son las diferencias que al hablarse en términos generales sobre literatura caribeña en lengua inglesa, francesa, holandesa, o española, es necesario hacer distinciones ya que cada nación vive un momento histórico diferente: Haïti y las posesiones francesas; Cuba, Puerto Rico, Rep. Dominicana; Jamaica, Trinidad, Barbados, Grenada, y las otras posesiones inglesas y los países del área de Centro y Sudamérica. De donde se comprende el que los temas sobre la libertad, la raza, el folklore y la identidad se conviertan en una preocupación para las naciones que gozan de una reciente independencia del imperio colonial. También se comprende el que el tema racial explorado por Manuel Zapata Olivella en *Chambacú: corral de negros* no hubiera recibido la atención merecida por aparecer fuera de un contexto histórico de la experiencia social colombiana. Sin tener en cuenta el tratamiento del tema, el hecho de que la obra no hiciera el impacto entre los lectores nacionales, y hasta cierto punto en Hispanoamérica, puede explicarse por la pérdida de la actualidad, la falta de una conciencia racial como una consecuencia de la distancia de los acontecimientos históricos. La existencia del negro ya no se reducía a una problemática racial, a una dicotomía entre el blanco y el negro, colonizador y colonizado, su angustia se origina principalmente en las prisiones económicas y sociales. Creemos que no se le puede pedir al lector que se sienta solidario con el protagonista cuando toda la narración carece de verosimilitud, el racismo solapado aunque vigente en nuestra sociedad no es un fenómeno social trascendental el cual tenga que confrontar el hombre cada día, en tal sentido la trama sobre el matrimonio de mujer blanca con un negro derrotado aparece fuera de lugar, quedando dentro de lo puramente anecdótico de una crítica racial simplista. Esto no quiere decir que los problemas raciales hayan desaparecido, los fundamentos de su problemática han quedado reducido a la búsqueda de soluciones socioeconómicas. Podemos llamar la atención sobre un hecho interesante, las obras que se han destacado en el continente, y que en alguna forma expresan una realidad antillanoamericana, el elemento racial hay que bucearlo entre líneas lo que puede dar lugar a ciertas interrogaciones, es el caso de *Cien años de soledad, El otoño del patriarca,* Carmicael una sombra negra en *La mala hora,* la negra Eufemia, la prostituta, en *Cien años.*[2] No podemos decir lo mismo de la obra de Alejo Carpentier donde lo racial, el mestizaje, y el sincretismo religioso es un fuerte elemento de su creación artística, particularmente en *El reino de este mundo* y *El siglo de las luces.* Con respecto a ésta última la presencia del personaje negro, el Dr. Ogé, permite al autor penetrar en la conciencia de Sofía (símbolo del conocimiento o la sabiduría), y a través de ella en la mentalidad de la época. Al mismo tiempo le sirve para establecer un paralelo entre América y Europa, entre el mundo primitivo, con su universo mítico afroamericano, y las ideas de la época de la Ilustración. El mismo Dr. Ogé es una simbiosis cultural, educado en París pero asentado en sus raíces africanas, en sus conocimientos ancestrales, en su tesoro humano irreductible, es un paradigma de un hombre antillano o americano contemporáneo. El tratamiento que da Carpentier a lo racial tiene perfiles históricos, o por lo menos es una forma de ironizar la historia, de mirar con ojo crítico el desarrollo de las ideas, mentalidades y actitudes y por ende del hombre. El Dr. Ogé es un hombre de todos los tiempos, en su personalidad se observan los efectos o influencias de la metrópolis, por ejemplo su predilección por expresarse en términos arcaicos cuando hablaba en francés o distinguía la S de la Z cuando se expresaba en español. De la lectura de este novela se confirma que los prejuicios raciales no tienen límites temporales, pertenecen a todas las épocas y a todos los hombres. Así lo vemos en Sofía, interna en un convento, ese aislamiento del mundo le había cerrado su entendimiento, el ambiente social le había enseñado que cuando se dice *'negro'* se implica una posición, "status" social, un sitio en la escala humana, un valor, hasta un nivel intelectual o emocional. Dentro de su lógica Sofía no puede confiar o dar absoluta responsabilidad al Dr. Ogé, al negro haitiano, para que cure a Esteban de su enfermedad asmática, aunque médico, con estudios (en Europa), en Francia, porque el color de su piel establecía el patrón social, por lo cual Sofía se pregunta — para dar mérito a su duda — "pero... es un negro! ". Esta expresión es suficiente para situar a Sofía dentro de una actitud social generalizada, sirviendo de vocero de una mentalidad. Esta expresión sirve de anuncio, una señal de orientación para tener en cuenta en la evolución del personaje que más tarde será inmolada en aras de los principios de la libertad. A los prejuicios de Sofía, Victor Hugues responde: "Todos los hombres nacieron iguales".[3] Esta respuesta no anticipa la figura de un héroe como debería ser, ella nos prepara para una sorpresa: el apogeo y la caída de un líder. El narrador presenta el estado mental, los traumas de conciencia por los que atravieza Sofía:

> (Sofía) no se resolvía aceptar que un negro pudiese ser médico de confianza, ni que se entregara la carne de un pariente a un individuo de color quebrado. Nadie encomendaría a un negro la edificación de un palacio, la defensa de un reo, la dirección de una controversia teológica o el gobierno de un país.[4]

Aunque cada elemento de la narración encaja cabalmente dentro de sus planos artísticos y dialécticos, cumpliendo con sus propias exigencias las acciones de los personajes no dejan de sorprendernos, aquí queremos hacer referencia a la interpretación del Dr. sobre las causas de los males que agobiaban a Esteban. Cuando afirma, totalmente convencido que "ciertas enfermedades estaban misteriosamente relacionadas con el crecimiento de una yerba, planta o árbol en un lugar cercano" hasta este momento es el científico que piensa y habla. Pero cuando agrega en su explicación que "Cada ser humano tenía un 'doble' en alguna criatura vegetal. Y había casos en que ese 'doble' para su propio desarrollo, robaba energías al hombre que a él vivía ligado, condenándole a la enfermedad cuando florecía o daba semillas".[5] El hombre primitivo toma la palabra. El científico retorna a las leyes míticas de la naturaleza, a su universo sincrético, para justificar la existencia de lo extraordinario dentro de un hecho puramente físico. Es el caso de una simbiosis cultural, una combinación de valores, una polarización conceptual, donde se testimonia el tránsito del hombre a través del tiempo y del conocimiento, por ende, de la historia.

Otro tema bastante recurrente en la narrativa antillana es la imagen del cimarrón. "The Maroon seems to be embedded in the Afro-Caribbean consciousness" afirma Juris Silenieks en su ensayo "The Maroon Figure in

Caribbean Francophone Prose", (*Voices From Under: Black Narrative in Latin America and the Caribbean*, Edit., W. Luis, Westport, Connecticut, 1984, p. 116). Silenieks explora este tema histórico en la narrativa antillana de lengua francesa y comienza su estudio con el tratamiento que da Carpentier al héroe legendario Mackandal, en *El reino de este mundo*. Pero lo que no menciona es la crónica de movimiento cimarrón americano incluyendo las Antillas, gran homenaje a las primeras sublevaciones en Sudamérica y el Caribe que Carpentier enfatiza en *El siglo de las luces,* donde Zieger, el personaje cultivador suizo, hace un recuento de los heróicos acontecimientos del continente: el negro Miguel (Ven.). Ganga-Zumba, soberano del famoso *Palenque* de los *Palmares,* Zumbi, su sobrino (Brasil): Old Cudjoe, en Jamaica; Mackandal, Bouckman, en Haiti; Zan-Zan, Boston y Arabay en Surinam.

El ensayo de Silenieks nos hace penetrar en una realidad oculta, apartada por la barrera del lenguaje, otro mundo dentro de la problemática antillana. Martinica todavía vive las visicitudes de la colonización francesa, entre la historia y las aspiraciones de un destino en la independencia, en la libertad. El escritor participa en esas circunstancias enfrentando sus personajes los desafíos de la historia para producir su propia historia. El cimarrón legendario es una respuesta a su angustia, a la desesperación bajo la colonización. Inicia una búsqueda en el pasado, en las raíces culturales. La figura estereotipada del cimarrón representa la visión positiva de una actitud humana que desea liberarse del yugo colonial. El escritor halla en este símbolo/imagen la representación de un destino que todavía está por realizarse, mantenido vivo por el anhelo de independencia. En Brasil las imágenes de Zumbi y Palmares no han perdido la vitalidad histórica, ni el carácter legendario, y han sido centro de interés en obras y representaciones teatrales. Según Ronald M. Rassner, en "Palmares and the Freed Slave in Afro-Brazilian Literature" (*Voices from Under...*):

> The image of Zumbi and Palmares, of a people separated from, yet used and destroyed by the Brazilian civilization, does not stop with the abolition of slavery in 1888. This becomes a most remarkable aspect of Afro-Brazilian theatre: isolation, imprisonment, death (...) and isolation in freedom continue into the twentieth century and the era of modern drama.

A causa de todo ese trasfondo trágico de la esclavitud, del vestigo sicológico de la colonización - opresión, alienación, descriminación, marginalidad - la literatura afro-americana necesariamente llega a ser comprometida. William Luis en su ensayo introductorio de su colección de crítica literaria sobre literatura afro-americana, *Voices from Under,* sostiene y explica las razones del ineludible compromiso político-social:

The history of black people in Latin America has been one of
constant struggle. The narrative of and about Blacks best describes
this history. These works are not innocent: they are based on
the black man's past and present experience and their intention
is to make political and social statements regarding the lives of
Blacks. The works are not political in nature, for all they do is
narrate another side of history; but they become political because
the view they express clashes with the general understanding of
the course of written events (...).

Este criterio bien fundamentado coincide y encaja justamente con las ideas
o el pensamiento de Ernesto Sábato sobre la misión/papel del artista de
mostrar el camino del hombre, los rumbos o senderos por los que tiene que
trajinar, particularmente mostrar el paso azaroso que ha tenido que recorrer
para tomar distancia y preveer las consecuencias. Así dice:

No hay misión más alta que esa de proporcionarnos el saber
trágico de nuestro destino. Hablo, claro está, de un arte y una
literatura que no se hace por puro juego ni por el solo placer de
la belleza, sino para escrutar y describir la condición del hombre
en este mundo apocalíptico, el sentido del coraje y del deber, el
alcance de la justicia y de la libertad, el significado de la vida y
de la muerte (p. 4).

(Discurso pronunciado por Ernesto Sábato al recibir el premio
Interamericano de Cultura *Gabriela Mistral,* Noticiero Boletín
de la Secretaria Ejecutiva).

En homenaje a los 70 años de Alejo Carpentier, Juan Marinello acierta al
ofrecer una revisión conceptual sobre la realidad que debe explorar y refle-
jar la novela, los temas que trata, las sociedades que explora; Marinello se
apoya en el pensamiento de Thomas Mann quien opina que: "La novela ha
dejado de ser relato de mero entretenimiento (...) para hacerse medio de
indignación y conocimiento del hombre" (Casa, Alejo Carpentier, Recopi-
lación de textos, p. 75). Este criterio lo aplica a la obra de Alejo Carpentier,
cuya seriedad de propósito lo convierte en un estudioso de la historia y de la
humanidad. Su preocupación e interés por interpretar el desarrollo del hombre en las diversas etapas de su existencia lo conducen por el camino sor-
prendente del espacio y el tiempo; así en *El siglo de las luces,* observamos
al escritor estableciendo un puente, un paralelo dialéctico entre el pasado y
el presente, entre un "aquí" que vive un proceso histórico y mide las consecuencias de los errores humanos, y un "allá" remoto, apartado espacial
y temporalmente que sufre los excesos de los cambios políticos y sociales de
la revolución burguesa. La falta de inmediatez temporal, o espacial, más la
impetuosidad de los cambios irracionales no permiten que el "aquí" y el
"alla" lleguen a coincidir, a experimentar los mismos cambios. *El siglo de
las luces* nos introduce en los orígenes de nuestra cultura, nuestra identidad,

de nuestro mestizaje. No fueron los círculos viciosos de la historia, sino la mentalidad y los ideales de una época los que nos condujeron hacia la colonización, el sincretismo religioso, el coloniaje, el mestizaje. En esta novela descubrimos que los efectos de las contradicciones humanas conducen hacia la inercia social. La posición de Alejo Carpentier es definitiva en cuanto se refiere a la novela porque afirma que en cualquier forma o circunstancia mantiene un nexo ineludible con la historia, así dice:

> Toda novela es forzosamente un tanto autobiográfica, puesto que parte de experiencias personales (...). En cuanto a lo histórico diré que creo de tal manera en la persistencia de ciertas constantes humanas que no veo inconveniente en situar una acción en cualquier momento del pasado puesto que los hombres en todas las épocas han tenido reacciones semejantes ante ciertos acontecimientos (*Habla Alejo Carpentier*, Rec. Casa, p. 23).

Esta visión la constatamos en su constante temática en la circularidad de ciertos acontecimientos, tendencias, pero esto no implica que comparte la concepción negativa del movimiento circular de la historia. Teniendo en cuenta el carácter autobiográfico de su narración, concluimos que su análisis debe fundamentarse en el estudio de los procesos dialécticos, ideológicos presentes y pasados, para situarlos dentro de la época con el propósito de elucidar las constantes históricas fundamentales que determinan el desarrollo del pensamiento y de las ideas.

La narrativa antillana mantiene sus variantes lingüísticas sin embargo las identifica y al mismo tiempo une el factor histórico, la circunstancia de la colonización. De ese trasfondo histórico surgen las idiosincrasias producto de las diferencias o rasgos socioculturales que el lenguaje recoge indefectiblemente y que se manifiestan en la escritura. Notamos que estas diferencias culturales con identidades lingüísticas han determinado perspectivas, cosmovisiones, acercamientos en la actividad creativa. Como también imponen actitudes literarias, prioridades temáticas en el tratamiento y selección en la circunstancia histórica.

En una época de nuestro desarrollo intelectual, con el avance de una conciencia antillano-americana en la búsqueda de soluciones propias a nuestra problemática hemos encontrado el sendero, aunque con grandes dificultades, para llegar a las raíces de la realidad regional y continental. Aunque el camino sigue siendo terriblemente escabroso se sortean los grandes obstáculos que erigen contra la literatura la penetración de los medios masivos de comunicación. Los problemas del lenguaje siguen presionando, y en ciertas áreas siguen convirtiendose en prioridades científicas, artísticas y educacionales, distrayendo la atención de los verdaderos problemas socio-económicos. Con todas las presentes dificultades el escritor vive con fervor este punto crucial del desarrollo social e ideológico que conducirá a la primera generación de la independencia colonial hacia la conquista de su destino, porque como señala Carpentier en *El siglo de las luces:* "Las palabras no caen en el vacío" (Zohar). Como sentenció Ti Noel: "La grandeza del hombre está precisamente en querer mejorar lo que es. En imponerse tareas." (A. Carpentier, *El reino de este mundo,* p. 144).

━━━━━━━━━━

NOTAS

[1]Norman Hampson, *The Enlightenment,* Penguin Books, Harmondsworth, 1976, p. 236.

[2]También el caso de la *Casa grande* de Alvaro Cepeda Samudio (1967) donde lo racial no ha sido considerado. Lo anterior podría indicarnos hasta que punto los problemas raciales o la raza había dejado de ser una preocupación para el creador colombiano.

[3]A. Carpentier, *El siglo de las luces,* p. 44.

[4]Ibid., p. 44.

[5]Ibid., p. 46.

9

Lo jamaicano y lo universal en la obra del Costarricense Quince Duncan

Donald K. Gordon
University of Manitoba

La presente ponencia pretende ofrecer una visión general de la obra de Quince Duncan con enfoque especial sobre lo jamaicano y lo universal en esa obra. En breve, los temas de un tapiz restringido alcanzan dimensiones universales, y esos temas están desplegados con la utilización de las técnicas más modernas y de los recursos estilísticos empleados de la manera más natural.

Su obra consta de cuentos: los iniciales, *El pozo y una carta* (1969), y *Bronce* (1970), la colección, *Una canción en la madrugada* (1970), las tradiciones adaptadas reunidas en *Los cuentos del Hermano Araña* (1975), *La Rebelión Pocomía y otros relatos* (1976), ensayos históricos: *El negro en Costa Rica* (1972) en colaboración con el profesor Carlos Meléndez, una antología: *El negro en la literatura costarricense* (1975), novelas: *Hombres curtidos* (1971), *Los cuatro espejos* (1973), *La paz del pueblo* (1978), *Final de calle* (1981), ganando ésta el Concurso Editorial Costa Rica correspondiente a 1978.

De ascendencia jamaicana, Duncan nació en 1940 en San José y creció en Estrada, Limón. Siempre ha mostrado un interés intenso en la justicia social. Elemento destacado es la presencia cultural de los jamaicanos porque Duncan tiene un fino sentido histórico. La médula de su obra es la situación del ser negro, y a través de él, todo ser humano. Se enfrenta con los grandes temas de nuestro siglo: lo absurdo del mundo, la soledad interior, el tiempo agobiador, por medio de técnicas como retrospectivas con la disgregación del tiempo y monólogos interiores; entre sus recursos estilísticos se encuentran como favoritos el símil y la metáfora.

El negro en Costa Rica nos provee de datos históricos de los Jamaicanos en este país. Fueron para trabajar en la construcción del ferrocarril y se quedaron para laborar en las grandes fincas bananeras. Como pensaban volver a Jamaica con algún dinero ganado, conservaron su cultura, sus escuelas y sus distintas religiones. Los costarricenses por su parte pensaban en ellos como transitorios y sólo en 1948 ganaron la ciudadanía costarricense. Lo que vemos en la ficción de Duncan es la lucha del individuo. Hay que tener en cuenta que en la lucha del negro un factor importante fue el mensaje de Marcus Garvey, quien estuvo en Limón tres veces: en 1909, 1921, 1928 (Meléndez, "El negro en Costa Rica", pp. 166-167). La única otra inspiración para los negros fue el campeonato de Joe Louis. Las escuelas, asociadas con las iglesias, mantenían la metodología jamaicana; entre los textos de Duncan mismo se contaban libros de Longfellow, Sir Walter Scott, Tennyson, Longman's Junior Arithmetics, éste con sus libras esterlinas. En Limón, el juego popular era y es el dominó y, como parte de la alimentación, yuca, ñame, dashin, arraroot, fruta de pan frita con aceite de coco, y los domingos, claro, arroz con frijoles.

La situación del negro es central a la narrativa de Duncan. En *Los cuentos del Hermano Araña,* Jack Mantorra representa a la abuela o al abuelo que narra. Esos cuentos sirvieron para demostrar el gran valor de la astucia contra la fuerza física del enemigo. "Los mitos ancestrales" (de *La Rebelión Pocomía*) representa la lucha por la identidad. Es una parábola de la invasión del europeo y de los conflictos del nativo.

La primera novela de Duncan, *Hombres curtidos,* es la que trata más estrechamente de la cuestión jamaicano-costarricense. Los Duke originan de Montego Bay. En Limón ahora, Jakel, abuelo del protagonista Clif, está agonizando. En una retrospectiva, Grace, hija de Jakel y madre de Clif, recuerda en diálogo vivo una discusión acalorada con Clovis, su pretendiente, que aboga por las virtudes y tradiciones jamaiquinas, mientras ella aboga por la incorporación dentro de los valores españoles y costarricenses.

Los cuarto espejos es una obra de gran introspección. Trata de la mente confusa de Charles, cuya primera esposa era negra, la segunda, blanca, y sus relaciones sexuales con otras mujeres, negras todas menos una blanca.

La paz del pueblo, técnicamente la novela más lograda de Duncan, está escenificada en Jamaica y Costa Rica. Hay dos corrientes enrevesadas y entrelazadas: la familia Moody en Jamaica[1] y la Kenton en Costa Rica. La trama se unifica en que Mariot, madre de Sitaira y esposa de Cornelio Kenton, es hija de Elizabeth Moody, rechazada por su padre por ser mujer del negro haitiano Josué. La rivalidad entre Pedro Dull y Cató Brown por Sitaira causa la revelación del sistema corrupto en que los ricos ejercen el poder, y los prejuicios de color que ofrecen ventaja a los de piel clara.

Final de calle gira alrededor de los sucesos de la guerra civil de 1948 y muestra la pérdida de ideales por ex-revolucionarios, ahora corrompidos con el poder.

Se ve a los jamaicanos como parte de "un pueblo en diáspora" (*La paz del pueblo*, p. 46). Jakel Duke desciende de un rey Ashanti (véase *Los cuatro espejos*, p. 46). En "Los mitos ancestrales" el narrador traza los papeles de Nyambe: Dios Ashanti (*La R.P.*, p. 73), Samamfo: espíritu y herencia de los antepasados (p. 73), Okomfo: rey Ashanti (p. 74), Kumasi: sede del antigua reino Ashanti (p. 74). Duncan nos dice que "obeah es palabra africana que significa poder, poder espíritual" (*El negro en C.R.*, p. 104). Característica africana es el sentido rítmico como se ve en Nicolás Guillén, Louis Armstrong, y The Mighty Sparrow. El negro lustra los pisos, y escupir en esos pisos es una ofensa muy grave; el haber cometido esta ofensa el cartago, es motivo de la ruptura de la amistad con el jamaicano que le reclamó, y que cause la muerte trágica de los dos en "Duelo entre amigos" (*Una canción en la madrugada*, pp. 23-24).

Duncan asevera que "el concepto de Africa como un continente de pueblos 'primitivos' es una generalización producto de los racistas europeos" (*El negro en C.R.*, p. 112). En el siglo XV había pueblos avanzados tales como los Yoruba, los Ashanti, los Bantúes. En *Hombres curtidos* el abuelo Jakel duda que los africanos acepten a los negros occidentales. En *La paz del pueblo* el pastor condena a los seguidores de Garvey y tiene la misma actitud la madre de Pedro, pero éste quedó impresionado por la reunión donde le hablaron de "poderosos zulúes, de Etiopía inmortal ... de una patria para el negro" (p. 175).

Antes de Duncan había otros autores costarricenses, blancos, que escribían de los negros: Fabián Dobles, Joaquín Gutiérrez, Abel Pacheco. Es natural que lo jamaicano se encuentra más extenso en Duncan, étnica, cultural y emocionalmente. En Jamaica vemos la actitud del rico imperialista, el escocés Kingsman Moody, cuando temía perder sus privilegios en ese país. "¿Jamaica para qué? El imperio de su Majestad se venía abajo ... ahora quieren su propio gobierno" (*La paz* ..., p. 136). Los prejuicios rigen en las colonias, como en las sedes metropolitanas. En *Los cuatro espejos* fue Saltimán McForbes, fundador de la McForbes Lumber and Services Ltd., que hizo a los McForbes ocupar un importante sitio "en el complejo espectro de la sociedad jamaicana" (p. 129). Predica el mulato Saltimán a sus hijos: "no quiero a ninguno de ustedes casados con una negra ... Hay que subir de color ... aléjense de ellos (los negros) lo más posible ... hay que ir blanqueando" (p. 130).

En *La paz del pueblo* Josué le informa a Elizabeth, "soy de Spanish Town," y esta ciudad recibe otras menciones. En *Hombres curtidos* la novia fue traída directamente desde Spanish Town.

Hay evidentes en la obra de Duncan muchos aspectos culturales de Jamaica. El moribundo Jakel Duke piensa en un "delicioso rundown hogareño" (*H.C.*, p. 87). "En una carta" los vendedores gritan "panbón ... patí... guizadas." El desayuno preparado por Sitaira incluye plátanos verdes o bamí de yuca, yuca frita con bacalao (*La paz* ..., p. 58). A Jakel Duke un desconocido le ofrece "ganghá" para aliviar su melancolía (*H.C.,* p. 15). Clif Duke ojeaba sobre los hombros de su abuelo las páginas del *Gleaner* (pp. 7-8).

En *La Rebelión Pocomía* la ciega lealtad de los jamaicanos al señor Keith (del ferrocarril y la compañía bananera) les gana el desprecio del rebelde John Paul, de la isla de Santa Lucía. Siente "un fastidio estéril frente a los jamaicanos sumisos ... los jamaicanos son unos irresponsables, unos conformistas, unos esclavos" (pp. 8-9). Mamá Bull, la sacerdotisa-diosa, al morir, "maldijo a todos los jamaicanos de Limón.

"Como cangrejos en barril serán siempre - dijo con su último aliento - ninguno saldrá nunca porque el otro se lo impedirá" (p. 12).

Afortunadamente, en "La leyenda de José Gordon" el héroe en su vida justiciera rescata algo de la imagen jamaiquina. Se rebela contra todo el sistema de explotación, y sus hazañas le ganan el nombre de "el jamaicano enloquecido"², a quien Mr. Brutt, de la compañía bananera ofrece dinero para que regrese a Jamaica.

La cuestión del regreso a Jamaica era una de las más vitales, relacionada con el patriotismo y la identidad. En *Hombres curtidos* existe lo más entrañablemente jamaiquino en Jakel: "me duele dejar Jamaica" (p. 15). A los hombres les afecta más la nostalgia que a las mujeres. Gret, su esposa, prefiere que no se vayan. El luchar con la cuestión perdura hasta la cuarta generación. Clif, hijo de Grace, se debate consigo: "Yo, Clif Duke, descendiente de jamaicanos, pero no por eso con menos derecho" (p. 110). Hasta qué grado persiste esta cuestión queda demonstrado, intencionalmente, al final de la segunda parte de la novela. La maestra de castellano afirma: "De modo pues Clif, eres costarricense. Jamaica es la tierra de tus padres. Amala como tal.

— La tierra de mis padres, ¿entonces soy costarricense? (pp. 118-119).

La dificultad está expuesta en la pregunta citada en el ensayo *El negro en Costa Rica:* "Si Jamaica y Costa Rica declarasen la guerra ... ¿de qué lado pelearíamos? " (pp. 115-116).

En Limón en particular la presencia de los jamaicanos influía grandemente en el idioma, y se desarrollaba una suerte de "Spanglish." Las ficciones de Duncan reflejan algo de las relaciones entre negros y blancos, y el vocabulario inventado. En *Hombres curtidos,* Walter, hablando a Jakel acerca de las bodas del hijo del señor Mancolm, le informa que "todo es importado ... hasta ... las pasas que usaron en el queque" (p. 33). Clif relata a su esposa cómo en San José los capitalinos dicen "Heló may fren" para imitar y burlar a los negros (*H.C.,* p. 125). El Dr. Centeno insistía que su hijita Ester saludara al "morenito" Abrahams, jardinero: "dicele ¿cómo le jauar yu? " (*C.E.,* p. 103).

Un termino derivativo fue dirigido a los jamaicanos, a sus descendientes y a los negros en general. En San José los niños se mofaban de Clif: "negro chumeco, panza e muñeco" (*H.C.,* p. 125). Los policías acorralaron – así creían – al rebelde José Gordon, y alguno de ellos gritó: "salga chumeca-man,[3] mejor que se rinda por su bien" ("La leyenda de José Gordon," *R.P.,* p. 65). La mujer que defiende a Pedro recibe una amenaza: "– Vos callate, chumeca, o te echamos del país. Que vaya a Jamaica a joder" (*La paz...,* p. 171).

La dominante presencia jamaiquina en Limón influía en la lengua, y las obras de Duncan proveen un léxico de palabras jamaicanas empleadas por los personajes: "cho," expresión que indica un leve disgusto, aparece con frecuencia. Guillermo Brown, frente a la insistencia de Charles sobre lo que pasó a Lorena, tarda un poco más: "Cho: ustedes los pastores son los menos pacientes" (*C.E.,* p. 34) Charles, un poco airado porque Guillermo sigue creyendo que Ruth le ha echado de casa, da su reacción: "Cho püik – dije escupiendo en el agua – Ese carajo todavía me saca de quicio" (p. 136). La expresión se encuentra también en el cuento *Una canción en la madrugada* y en un contexto que abraza otro dicho típicamente jamaiquino. Juan se dirige a su mujer Mayra "- Cho, dame el té, hombré, y dejá de hablar, hombré ...

– Pero muchacho: isi lo tenés en la mano!

– iBese mi nuca! " (p. 15).

Otras expresiones son fonéticas. Algunas indican la sorpresa de la persona. Los revolucionarios están acercándose a la casa de Ruby donde está escondido su esposo Cocobello: "Chisas Kraist - exclamó Ruby - unos vienen directo para acá ..." ("Un regalo para la abuela", en *Una canción en la madrugada,* p. 34). Otras frases abarcan la palabra jamaicana en su versión del inglés. Cuando van de caza, Gregory le pregunta a Sidney si está seguro del camino. Sidney usa en parte una frase traducida -"Vergüenza sobre ti man" (*H.C.* p. 44), y porque la muchacha de la selva huye, Gregory pregunta "¿qué es lo que les pasa sah? " (p. 46).

El vocabulario jamaicano es muy expresivo y muy adecuado a la cultura y a sus creencias. Ruth le entera a Charles que "Lorena fue atacada por un dopí ... un espectro blanco" (p. 40). Tal vez la curación de todas las maldades sea el sorocí cuyos poderes reconoce Kingsman Moody en medio de sus dolores (*La paz ...,* p. 128).

Si lo jamaicano se ve en el vocabulario, la alimentación y la cuestión de lealtad, lo universal se puede observar en todo lo relacionado, tanto en los sucesos como en las situaciones, a los jamaicanos y sus descendientes. La condición social, la actitud de la sociedad, es una parte de una orientación universal. Duncan reconoce las ventajas conferidas a uno en tener la piel clara, piel que con frecuencia, fue "testigo de una noche de orgía blanca." Había "hijos ... orgullosos del color de su piel, cuya importancia social heredaba del sistema colonial británico" (*H.C.,* p. 30). Ese sistema causó el rechazo de Cristian Bowman por su padre quien vilipendió al hijo por ser tan negro, especialmente en comparación con la hermana más clara de Cristian (*C.E.*, p. 61). El jefe político observa la relación entre el color de la piel y los beneficios económicos, pero el negro excepcional es aceptable como se ve en el caso de la madre que aconseja a su hija: "si te vas a casar con un negro, por lo menos escogé uno que sea profesional o que tenga dinero" (*El negro en C.R.*, p. 122).

Es común que el empleado negro se identifique completamente con los intereses de los dueños blancos; el mayordomo Brown le informa a le señora Elizabeth que el cochero Allen "dejó de trabajar para nosotros" (*La paz...*, p. 34). La identificación total con el amo está complementada a veces con una suerte de odio de su raza, y así de sí mismo, por el negro. Clif le entera a su esposa cómo en San José "los propios negros se cambiaban de acera para no toparse unos con otros" (*H.C.*, p. 125).

Duncan indica lo soso del racismo en que Ester se casa con Charles, y es ella que temía tanto a los negros, asustada en su niñez de "si no haces esto... te va a llevar el negro..." (*C.E.*, p. 103).

El auto-interés de Duncan en la situación del negro es solamente un aspecto de su preocupación por toda la condición humana. El retrato del ser explotado, y del explotador, es universal. Después de trabajar treinta y dos años con la familia Herrera, Niño Meneses, enfermo, está despedido "sin un céntimo, sin médico" (*Final de calle*, p. 53). Jean Paul se da cuenta de que "los trabajadores viven del crédito dado por la compañía consumiendo su salario sin darse cuenta en los comisariatos" (*R.P.*, p. 9). Ni la compañía ni el gobierno podía aguantar a Gordon, temiendo que sus doctrinas infectaran a los jamaicanos, nicas, beliceños, hondureños, y que capitanearan movimientos revolucionarios en sus propios países (*R.P.*, p. 68).

A través de sus personajes, Duncan expresa algunas verdades universales. Charles reconoce la crueldad de los seres humanos (*C.E.*, p. 135). La idea de luchar por el bien es afirmada por Gabriel Paniagüa (*El pozo*, p. 8), y Don Caliche (*Final de calle*); la pérdida de ideales se ve en Fermín Solano y Salchicha Gutiérrez, ex-revolucionarios quienes ahora son altos oficiales del gobierno y dueños de tierras.

El conflicto más tremendo de la identidad se retrata en *Los cuatro espejos*. Charles está roído por la soledad más intensa. Sus diversas relaciones sexuales sirven para subrayar su confusión en la búsqueda de cierta satisfacción personal. Que no puede ver su rostro en el espejo significa la desaparición de su identidad negra. De vuelto en Limón se da cuenta de que había abandonado a su pueblo; a Alfred George ha confesado que "uno no puede huír de sí mismo" (p. 146). La esencia de este mismo tema fue expresada por Clif en su regreso de San José a Limón: "busco mis propias raíces" (*H.C.*, p. 4).

Uno de los grandes valores humanos es el amor desinteresado. Miss Spence se dedica a cuidar a los siete nietos; ella es modelo de la abuela que ama y de la madre que nunca pierde fe ("Una carta", en *El pozo y una carta*).

En la experiencia humana, el otro extremo del amor es el odio. Las ame-
tralladoras que escupen fuego asustan a Ruby quien piensa en el rayo y el
trueno, "rayo y trueno artificiales creados por el hombre para destruir al
hombre" ("Un regalo para la abuela", en *Una canción...*, p. 35).
Un factor de destrucción es la desegualdad económica. Contribuye al
suicidio de Brayan agobiado ya por su absoluta soledad en un mundo absurdo ("Demasiado peso", en *Una canción...*). Elemento de la absurdidad
del mundo es lo rutinario. Brayan se queja de "la misma carambada todos los
días" (p. 68); Charles, quien dice "los domingos peleaba con Lorena" (*C.E.*,
p. 152) se queja de "una condenada desesperante rutina" (p. 152). Es un
problema que linda con el existencialismo; lo mejor sería que lo internaran
en el asilo porque "de todos modos quería terminar de una vez con mi estado
absurdo de existencia" (p. 122).
El final de la existencia es la muerte, y tanto Regis ("Las manchas del
ojo") como Jakel (*H.C.*) reconocen el inevitable fin de la existencia. En
el transcurso de la vida el ser humano llega a poner fe en alguna fuerza externa. La posición de Duncan es que con frecuencia los poderosos se aprove-
chan de la religión para sus propios propósitos; los negros aprendieron a
cantar un "Now the Day is Over" o "Qué amigo nos es Cristo" (*El negro
en C.R.*, p. 101).
El cristianismo es un elemento en el mantenimiento del "status quo".
Otro elemento es el llamar a uno "comunista". Los deseos de los negros
en Jamaica de tener su propio gobierno son "ideas comunistas" según el
gobernador (*La paz* ..., p. 136); el rico señor B. Brown asevera que entre
los que se han sublevado "tiene que haber algún comunista ... algún agitador"
(p. 90); según el Ministro de Seguridad, la manifestación en que había participado Daniel fue organizada por los comunistas (*Final de calle*, p. 13).
Las autoridades harán todo lo posible para "contener la subversión, evitar
que se altere el orden" (p. 22).
Al transmitir su poderoso mensaje social, Duncan a la vez utiliza las
técnicas más avanzadas. Sus narrativas están bien redoneadas; no siguen un
orden cronológico, más bien comienzan con algún episodio dramático en la
vida del personaje, y después por medio de "flashbacks", o pasos atrás,
aprendemos de los sucesos que han influído en ese episodio.
La fina estructuración es un rasgo de los relatos. La primera sección de
El pozo comienza con el dramatismo de la muerte de Carlos, la segunda
presenta detalles de sus relaciones con el amigo fiel Gabriel, la tercera detalla
su morir, y la cuarta en que Gabriel está capturado vuelve al grito angustiado
de Carlos al principio a su amigo "Gabriel ... Gabriel ..." (pp. 3, 9).
Siempre hay ligas estrechas entre distintas partes de la narrativa. En sus
recuerdos Clif piensa en su abuelo y la muerte de él y medita, "nada en la
historia del Abuelo, justifica mi regreso" (*H.C.*, cap. 5, p. 52). La novela
ha comenzado con ese regreso (cap. 1). Los recuerdos constituyen un medio

de reconstruir la historia e incluyen diálogos vivos que parecen actuales. La primera división de esta novela, *Hombres curtidos,* consta de seis capítulos que establecen la línea de herencia; la segunda división baja a cuatro capítulos: está pintado el delirio de Jakel quien está agonizando; la tercera división está reducida a dos capítulos. Trata de las experiencias de Clif en San José. En realidad, la historia del abuelo Jakel sí justifica el retorno. La esposa lee las primeras palabras del libro; son las finales de la novela y corresponden precisa y exactamente con el principio de esta novela: "El acto de levantar la valija, alzar al niño y bajarme del tren es uno solo" (pp. 140; 3). El círculo está cerrado. Las demás novelas manifiestan técnicas igualmente finas.

Desde su primera orbita, *El pozo,* Duncan demuestra su concepto que el tiempo no es lineal. En las novelas hay una inversión de tiempo. *Los cuatro espejos* nos presenta el principio al matrimonio Charles y Ester, y después aprendemos las historias evolutivas de ese matrimonio birracial. Están expresados algunos conceptos filosóficos del tiempo. En *La paz del pueblo,* "El tiempo gira" (p. 94). Para Carlos, en *Final de calle,* "el tiempo era un espiral y yo marchaba en giros vertiginosos" (p. 17). El tiempo no bien utilizado causa dolencia a don Caliche: "no pude dormir pensando que el tiempo pasa sin que uno pueda hacer nada" (p. 73). Lo antagónico es el tiempo bien usado; a Euclides, le apareció el Monseñor Sanabria, defensor de los pobres, "con la misma seguridad de frente, como si para él el tiempo no hubiera transcurrido" (p. 102).

Duncan es autor omnisciente, consciente siempre do lo que están haciendo los personajes. Los personajes no son completamente autónomos. El desarrollo de la trama no so consigue exclusivamente por las acciones y las palabras de los caracteres. Duncan mezcla lo moderno con lo tradicional. *Hombres curtidos* tal vez sea de tono la novela más autobiográfica, con Clif Duke como narrador en primera persona: "mi esposa me sigue con timidez ... he vuelto" (p. 3), pero el autor omnisciente guía en tercera persona: "corrió los campos floridos" (p. 5), "nadie iba a creer las palabras del abuelo. Ni siquiera Clif" (p. 8). Este es el estilo básico de Duncan: autor omnisciente, personaje vivo, actualizado.

La repetición cumple una función exacta. En boca de los personajes unas expresiones, repetidas, indican su disgusto y sus frustraciones: "Condenación al infierno y jalé" (pp. 63, 64, 68. 70) retrata la desesperación soiltaria de Brayan quien por fin se suicida ("Demasiado peso" en *Una canción...'*); "Pucha" (pp. 75, 132 y *passim*) o "Pucha carajo" (pp. 67, 75 y *passim)* "y no es que yo sea cursi" (pp. 73, 150 y *passim*) indican el disgusto y el conflicto interior de Charles en *Los cuatro espejos.* En *Final de calle* las palabras de Carlos sobre su cruce de los cerros es un *leitmotif* a través de la novela: "había cruzado los cerros" (p. 111), o "volver a cruzar los cerros" (p. 19) indica una realidad física y una resolución firme de combatir la corrupción.

Una característica de Duncan es el equilibrio de sus oraciones, debido a un silabeo que suena armonioso: "Claro que yo en mi ignorancia de alumno, y él en su arrogancia de profesor, no pudimos comprender que uno pronunciaba a la manera inglesa y el otro a la manera estadounidense" ("El habla del negro limonense", *El negro en C.R.*, p. 110). Escoge con cuidado y precisión el verbo o adjetivo para retratar la actitud, la psicología interior de la persona. Charles, trastornado, debate consigo si o no volver a casa mientras está recorriendo los caminos de San José: "mis pies devoraron metros y metros de calle" (*C.E.*, p. 155); Regis, en "Las manchas del ojo," víctima de cáncer, tiene que hallar "un cochino bar"; el adjetivo es reflejo de su estado de mente.

La fluidez de la prosa imbuye las descripciones de una calidad gráfica. En *La paz del pueblo,* la selva y el río forman el fondo, y están delineados otros elementos que hermosean la naturaleza: hojas del bambú, viento, lirios, el arroyuelo que cobra vida en su personificación. La otra cara de la naturaleza, la salvaje, se ve en el rayo y el trueno en escenas para realzar la condición del ser humano: la soledad inmensa de Margarita y Elizabeth (pp. 43-44), y de su padre Kingsman Moody (pp. 46-48).

Si la soledad es universal, también lo es el compañerismo como se pinta en *Una canción en la madrugada,* relato de una hermosa experiencia, la vida idílica de un matrimonio, porque Duncan observa también las felicidades humanas, aunque sean escasas. Aquí la bella naturaleza armoniza con la vida feliz.

Las desagrables relaciones humanas giran con frecuencia alrededor de lo sexual; las mujeres con frecuencia son víctimas de violaciones o de intentos de violaciones. Lorena tiene que rendirse a Cristian (*C.E.*, p. 83); Ester es salvada de las malas intenciones de Pérez por Charles (p. 109). En *La paz del pueblo,* contra el imponente don Miguelino Sánchez Bonilla, Mariot "no quiso resistir porque de todos modos no habría tenido la voluntad necesaria para hacerlo" (p. 133); años después, su hija Sitaira fue asaltada por Cató pero ella resistó con éxito. Hay otras malas pasiones reveladas en una vena casi de naturalismo. Tanto el padre de Kingsman Moody como éste mismo después, sostuvo relaciones con Mamy; Mariot y Sitaira, madre e hija, desean a Pedro.

Si existe lo desagradable, también existe lo agradable en las experiencias sexuales. El acto de unión inspira bellas descripciones, captando la dimensión del goce humano. Hay un vocabulario ricamente sensorial. A Grace y Clifton "la soledad los acercaba hasta mezclar su aliento: piel y piel, sudor fundiéndose con sudor, sudor hecho lubricante" (*H.C.*, p. 62). En *Los cuatro espejos,* Charles expresa los deleites experimentados con distintas mujeres. Con Ruth "es como nadar en el arroyo San José, en la parte que la gente llama el lago, a media mañana" (p. 149); con Victoria "nunca antes nos habíamos buscado con tal intensidad, y nunca antes oí a una mujer entregarse totalmente al amor como esa tarde, y nunca antes me sentí tan humano" (p. 139).

A veces, sobre lo sexual hay un tono de suave humor, como en el relato "Las voluntades" donde el narrador está con Lupe: "la pasión creció botón por botón hasta la paz final de estar en paz con todo" (*R.P.*, p. 53). El humor es una gran característica universal que contribuye a la lectura amena de los escritos de Duncan. Como en todo buen humorista, hay una verdad básica envuelta en el humor. A veces hay una orientación hacia algún problema social, o alguna situación que llama la atención. Después de la unión extática con Ester, Charles da un paseo al aire fresco, y siente "cierto bienestar fisiológico ... lo que quiero decir es que uno se siente bien. Eso es todo. ¿Debía haberlo dicho así desde el primer momento? Es difícil hablar como la gente cuando uno tiene seis años de andar con académicos" (*C.E.*, p. 14).

El humor puede nacer de la experiencia negra. Clif está en San José y un limpiabotas le pregunta:

—¿Te limpio moreno?

— No, yo me bañé. Pero si quiere puede limpiar los zapatos (*H.C.*, p. 129). Sirve también para desenmascarar problemas sociales. En Jamaica el señor Brown dio una fiesta para el gobernador y dijo que no permitieran entrar negros, y cuando él llegó no le hicieron entrar (*La paz* ..., p. 153).

Un librito de mucho humor es el titulado *Los cuentos de Hermano Araña.* Está dedicado "a todos los niños de América: continente Afrolatindígena."[4] Autorizado por las realidades de la vida en ese continente, Duncan crea el adjetivo pertinente y expresivo. José Gordon hacía exigencias imposibles por los trabajadores con su "crónico olor a bananoverde" ("La leyenda de José Gordon", en *R.P.*, p. 67), o bien él convierte el producto en adjetivo para dar "hombre banano, hombre cacao" que recuerda Cornelio, él mismo entre ellos (*La paz* ..., p. 161).

El vocabulario de Duncan es exacto, exótico y evocativo, y forma parte de su estilo que da una impresión de naturalidad. Pero hay en realidad unas técnicas literarias precisas, un atributo en su universalidad. Los sueños sirven para traer recuerdos por medio de retrospectivas, por ejemplo Charles en *Los cuatro espejos,* Mariot en *La paz del pueblo.* La materia dentro paréntesis ofrece recuerdos interpuestos, y va conjuntamente con la actualidad de los sucesos. Charles recuerda a Dora París, y diálogos inclusos, mientras está recorriendo las calles en su desorientación (*C.E.*, pp. 27-28).

En *Hombres curtidos,* el gran traidor que ensucia el nombre de Jakel es Howard Bowman. El traidor está simbolizado como "Brutus" en el capítulo IX titulado así. El simbolismo también ocurre en "La leyenda de José Gordon" en la cual el superintendente se llama Mr. Brutt, de acuerdo con su comportamiento.

El símil es un recurso frecuentemente usado por Duncan, y está estrechamente ligado con las experiencias vitales de los personajes. Gordon le dice a su mujer que "los funcionarios de la Compañía Bananera tienen el rostro verdusco como los lagartos viejos" ("La leyenda ... " en *R.P.*, p. 58). Las metáforas también realzan la personalidad. El cuerpo de Nabe siempre es para su marido "de carbón encendido" (*C.E.*, pp. 55, 58, 60) porque lo que siente por ella no es ternura, sino pasión.

El usar las mismas palabras claves es la base de la anáfora, recurso cuya función es intensificar el sentimiento. En *La paz del pueblo,* realza la desesperación de la madre que no logra obtener ningún indicio sobre el paradero de Sitaira: "... solo el silencio de las cosas. Solo el silencio del día y de la noche. Solo el silencio de la duda" (p. 110).

En "La leyenda de José Gordon" la sinestesia acopla las sensaciones de Gordon y su mujer. Él, despedido por Mr. Brutt "tenía el rostro hinchado. Una mirada color ceniza iluminaba todo. Su mujer exhaló un grito pequeño como un suspiro hondo del mismo color que él portaba en sus ojos. Y cuando habló, sus palabras también, como todas las pequeñas cosas del pantano, estaban llenas de ceniza húmeda" (*R.P.*, p. 58).

Los recursos estilísticos apoyan transmitir el mensaje: con frecuencia lo más significativo del mensaje está indicado en el título de la obra. Los títulos apuntan, por supuesto, la dimension social y psicológica. Las novelas suelen incluir íntegros los títulos, resaltando el significado por medio del contexto. Clif recuerda las palabras del abuelo: "Somos hombres curtidos... curtidos en el dolor y en el sufrimiento. Los pueblos curtidos son... son más hondos" (p. 107). Carlos reconoce que todos sus esfuerzos por reformar y mejorar la sociedad han sido en balde, así habla a sí mismo "confesando que todo lo andado esta noche, todas estas horas caminadas te han conducido aquí, al final de calle", palabras finales de la novela.

Quince Duncan tiene plena conciencia de la diáspora negra. Se enfoca en la experiencia jamaicana para retratar e indagar en aspectos sociales en Costa Rica, especialmente Limón. Desde un *locus* específico, sus temas — crueldad humana, explotación de los pobres, crisis de identidad, búsqueda del ser — llegan a tener dimensiones universales. El amor, el odio, el bienestar físico y económico, la soledad interior, la rutina, la existencia, la muerte, caben en su ámbito universal. Sus narrativas están bien redondeadas. Es menos importante el orden cronológico que las experiencias vitales en el tiempo. Así el tiempo está frecuentemente invertido. La naturaleza y lo sexual son elementos vitales. El humor contribuye a la amena lectura de sus escritos que abarcan un vocabulario exacto, con expresiones jamaicanas inclusas. Los recursos estilísticos — símil, metáfora, anáfora, sinestesia — realzan el contexto en un modo muy natural. Los títulos resaltan el mensaje significativo.

Duncan, costarricense de ascendencia jamaicana, es autor de dimensiones universales, tanto por el contenido de sus obras, como por el arte literaria en ellas.

OBRAS DE QUINCE DUNCAN

El pozo y una carta. Guadalupe Goicoechea, Costa Rica: Cuadernos de Arte
Popular, 1969.

Bronce. Guadalupe Goicoechea, Costa Rica: 1970.

Una canción en la madrugada. San José: Editorial Costa Rica, 1970.

Hombres curtidos. San José, Costa Rica: Cuadernos de Arte Popular, 1971.

El negro en Costa Rica (en colaboración con Carlos Meléndez) San José:
Editorial Costa Rica, 1972.

Los cuatro espejos. San José: Editorial Costa Rica, 1973.

Los cuentos del Hermano Araña. Costa Rica: Editorial Territorio, 1975.

El negro en la literatura costarricense. San José: Editorial Costa Rica, 1975.

La Rebelión Pocomía y otros relatos. San José: Editorial Costa Rica, 1976.

La paz del pueblo. San José: Editorial Costa Rica, 1978.

Final de calle. San José: Editorial Costa Rica, 1981.

NOTAS

[1] ¿Habrá un toque biográfico aquí? La familia de la abuela de Duncan se llama Moodie y es de Spanish Town.

[2] El legendario José Gordon es también la figura en un poema de Alderman Johnson Roden. Véase mi artículo, "Alderman Johnson Roden: The Tailor-Poet," *Afro-Hispanic Review*, II, 2 (May 1983), pp. 9-12.

[3] En el texto (*La Rebelión Pocomía,* p. 65), la nota de Duncan dice: "deriva de Jamaica y man, o sea jamaicano. Reproducción fonética de la palabra antillana. Por generalización, a todo negro."

[4] Duncan explica, "La cultura latinoamericana es fundamentalmente una resultante de la síntesis de estas tres fuentes, con aportes orientales," *El negro en la literatura costarricense* (San José: Editorial Costa Rica, 1975), p. 18.

10

Una mirada a la figura de la abuela en obras escogidas del Caribe

Amparo Marmolejo - McWatt
University of the West Indies, Cave Hill

Mucho interés se ha mostrado últimamente entre los eruditos en el papel y función de la mujer en la sociedad y también la literatura. Se han escrito muchos artículos literarios, incluyendo artículos en la literatura del Caribe, desde una perspectiva feminista, que han enfocado los papeles más obvios de la mujer como esposa o amante, como madre, como mujer profesional, como revolucionaria y como prostituta. Me parece que muy poco se ha hecho con respecto a la figura de la abuela en la novela ficción, pero aún así una formidable abuela literaria dejó en mi memoria una impresión duradera. La abuela de Gabriel García Márquez en *La increíble y triste historia de la cándida Eréndira y de su abuela desalmada.*[1] Por eso empecé mi búsqueda en pos de figuras de abuelas en la literatura del Caribe que se vislumbrarán tan grandes y desmesuradas como esta "ballena blanca" de García Márquez (GM). Mis investigaciones, que fueron limitadas por la disponibilidad de libros, me llevó a figuras de abuelas como: Mis Ivy en *Beka Lamb* de Zee Edgell, Toussine Lougandor o "La reine sans nom" (LRSN) en *Pluie et vent sur Telumée Miracle*[2] de Simone Schwarz-Bart y M'man Tine en *La rue case-nègres* de Joseph Zobel. De estas figuras la que me pareció más suceptible de comparación con la abuela desalmada de GM fue *La reine sans nom* de Schwarz-Bart en *Pluie et vent sur Telumée Miracle*. Es interesante notar que los autores del Caribe Inglés no parecen haberle dado esta clase de tratamiento total ni importancia a la figura de la abuela en sus obras, como lo han hecho García Márquez, Schwarz-Bart y Zobel.

Esta ponencia va a tratar sobre todo con la comparación de papeles y funciones de las abuelas y con las maneras en que la figura de la abuela es presentada por los autores. En la discusión hago algunas menciones comparativas ocasionales con otras figuras de abuelas en otras novelas del Caribe, que aunque juegan papeles secundarios en su contexto, nos permiten ver

algunas de las tareas y funciones asignadas a ellas por la familia, la sociedad
y los requisitos del mundo-ficción de los autores.

En la obra de Schwarz-Bart la imagen que de la abuela tiene Telumée,
es la de un personaje salido de un cuento infantil:

> Dans mon enfance ma mère victoire me parlait souvent de mon
> aïeule, La négresse Toussine. Elle en parlait avec ferveur et vénér-
> ation, car, disait-elle, tout éclairée par son évocation, Toussine
> était une femme qui vous aidait à ne pas baisser la tête devant
> la vie, et rares sont les personnes à posséder ce don. Ma mère la
> vénérait tant que j'en étais venue à considérer Toussine, ma grand-
> mère, comme un être mythique, habitant ailleurs que sur terre,
> si bien que toute vivante elle était entrée, pour moi, dans la
> légende (p. 11).

En la mente de Telumée se había creado toda una leyenda alrededor de a su
abuela "La Reine Sans Nom" — título que le habían dado los habitantes de
L'Abandonnée, título que le daban todos los que la conocían y que la misma
Telumée se había acostumbrado a usar.

Entre tanto la figura de la abuela para Eréndira, si bien es una figura
salida también de los cuentos infantiles, va a tener una caracterización muy
diferente. Eréndira no tuvo tiempo de tejer, de crear una visión cualquiera
de su abuela ya que desde su nacimiento conoció la figura real, desmesurada y
exagerada de su abuela que "parecía una hermosa ballena blanca" (p. 97),
de la abuela de "las espaldas suculentas" (p. 97) de la abuela que "era tan
gorda que sólo podía caminar apoyada en el hombro de la nieta o con un
báculo que parecía de obispo..." (p. 98). El marido de la abuela — Amadís —
había sido un contrabandista legendario con quien la abuela había tenido
un hijo — Amadís — quien a su vez, fue el padre de Eréndira. Mientras que
Telumée, se encontró dentro del reino de *La reine sans nom* (LRSN) ya
que su madre encontró un nuevo amor en Haut-Colbi "amateur de chair
féminine" y no queriendo tener en Telumée una posible rival años más
tarde decidío enviarla "chez Toussine" o LRSN.

"Le premier soin de ma mère fût de m'éloigner, d'écarter ma petite
chair de dix ans pour s'éviter la peine, quelques années plus tard, de danser
sur le ventre qui l'aurait trahie" (p. 46). Sea cual fuere la razón por la cual
estas dos nietas van a encontrarse dentro del domino de las abuelas, ambos
escritores nos muestran dos mundos que contrastan en cuanto a la relación
Abuela-Nieta.

Es así como García Márquez (GM) nos presenta la visión desmesurada,
exagerada, y aumentada en el mundo de Eréndira. El recurso utilizado es
el de "convertir la realidad en un cuerpo desmesurado, sobreponer uno
encima del otro, hasta la saturación los elementos que permitan visualizar
como en una enorme pantalla o en un espejo de parque de atracciones las
virtudes y defectos de los personajes."[3]

GM es muy enfático en afirmar que fue de su abuela, de quien aprendió el arte de contar: "Me contaba las cosas más atroces sin conmoverse como si fuera una cosa que acaba de ver. Descubrí que esa manera imperturable y esa riqueza de imágenes era lo que más contribuía a la verosimilitud de sus historias."[4] Schwarz-Bart (SB) narra la vida campesina en Guadelupe a través de los ojos de la anciana Telumée, quien a su vez fue criada por su abuela "haute négresse" (LRSN). Narra la vida campesina, su relación con la esclavitud, los sufrimientos, las grandezas de esta esfera social al mismo tiempo que sus debilidades y sus costumbres.

Eréndira se encuentra así bajo el mando de la abuela en "la mansión de argamasa lunar" (p. 97) extraviada en el desierto; es en el patio de esta mansión que su abuela ha enterrado los cadáveres de los Amadises y es allí donde después de la muerte de ellos, la abuela "despachó a las catorce sirvientas descalzas y siguió apacentando sus sueños de grandeza.... en la penumbra de su casa furtiva, gracias al sacrificio de su nieta bastarda que había criado desde su nacimiento" (p. 99).

Claramente se observa el sacrificio de Eréndira ya que para una adolescente de catorce años seguramente existirían otras actividades más interesantes que encargarse del aseo personal de la abuela sobre todo si se considera que era algo muy parecido a un rito; además de esto debía encargarse del vestuario y maquillaje de la abuela. Por supuesto los oficios domésticos como cocinar, fregar los pisos, bruñir la cristalería y alimentar al avestruz entre otros, estaban bajo la responsabilidad de Eréndira. La actitud de Eréndira hacia su abuela es una actitud de completa submisión, de completo servilismo: "... demasiado mansa para su edad" (p. 97). No se puede menos que asociar la figura de ésta abuela con la figura de la matrona en *Los funerales de la Mamá Grande*[5], aunque aquí la figura que GM nos presenta es mucho más grande, mucho más exagerada, es mostrada a través de un lente de aumento.

Es la abuela que se sienta a la cabeza, presidiendo una mesa de banquete con candelabros de plata y puestos para doce personas, es la que hace sonar la campanilla para que su nieta le sirva sus comidas, es la que imparte las infinitas órdenes a Eréndira, quien infaliblemente responde: "— Sí, abuela" (p. 101). Sus órdenes son emitadas constantemente aún cuando esté dormida y Eréndira le contesta siempre hasta que ella empieza a "extraviarse en el delirio." Es importante notar que la nieta había heredado de su abuela la virtud de "continuar viviendo en el sueño." De la situación pintada por GM se aprecia fácilmente que la única relación que existe verdaderamente entre Eréndira y su abuela es la relación entre una señora y su sirvienta, desprovista de cualquier lazo afectivo.

En contraste S-B presenta al lector con una relación Abuela-Nieta basada en la afección y la ternura: "...elle jubilait à la seule idée d'avoir mon innocence pour auréoler ses cheveux blancs..." (p. 46).

Aunque Telumée nunca había salido de su pueblo, ahora camino a Fond-Zombi al lado de su abuela, ella experimentaba una gran emoción "aux côtés d'une aïeule dont j'avais cru la vie terrestre achevée" (p. 46). De este pensamiento se puede deducir que Telumée tenía una confianza ciega en su abuela lo que será ratificado por ella misma cuando dice: "Sitôt que je eux franchie le sueil, je me sentis comme dans une forteresse, à l'abri de toutes choses connues et inconnues, sous la protection de la grande jupe à fronces de grand-mère " (p. 47).

Telumée ayuda a su anciana abuela en las tareas diarias: "Je l'aidais comme je pouvais, allais checher de l'eau, courais après le porc, les poules, courais après les crabes de terre à carapace velue, si délectables au gros sel..." (p. 49).

Telumée ayuda a su abuela en las faenas diarias, pero todas esas labores son realizadas en un ambiente de afección recíproca entre ellas, mientras que este ambiente es inexistente en el mundo de Eréndira. Resultado de ese amor es el nombre que LRSN da a su nieta "petit verre de cristal". Es en ésa "pequeña copa de cristal" que LRSN y Telumée van a reflejarse:

> that the grandmother has re-named Telumée 'little crystal glass'
> is as significant as the grandmothet's own naming ritual. Telumée's
> presence for her grandmother is a transparently joyful one, a
> transmission and refracton of light, a source of reflection, a
> precious fragility, a container with a sensuous shape all its own
> yet one which calls out to be filled, the outlines of a figure whose
> elements will be Telumée's autobiography. The grandmother
> rejoices in these reflective facts of the girl's self.[6]

Este proceso de "Mirroring" también se lleva a cabo en el mundo de Eréndira aunque bajo distintas circunstancias. El día que empezó "la desgracia" de Eréndira, ésta había cumplido con una de las innumerables órdenes de la abuela: bruñir la cristalería. Ese día, ella había pulido las copas de champaña. Esta preocupación por parte de la abuela de tener la cristalería brillante, lustrosa y reluciente es una imagen que nos prepara para el proceso por medio del cual la abuela se verá reflejada en su nieta más tarde. Eréndira será "el espejo" en el cual su abuela se verá reflejada durante sus años de prostituta en las Antillas -- ya que según la versión de los indios -- la abuela había sido rescatada por su marido Amadís, de un prostíbulo de las Antillas.

La naturaleza juega un papel importante en ambas obras y es así como el viento, la lluvia y las tormentas van a ser elementos comunes.

En *Pluie et vent sur Telumée Miracle* la abuela utiliza imágenes metafóricas para enseñar a Telumée a afrontar, a sortear los posibles obstáculos, a seguir adelante en la vida, ya que a ella, le corresponde ahora elevarse al mismo nivel de su abuela Toussine Lougandor.

> Nous les Lougandor, nous ne sommes pas de coqs de race, nous
> sommes des coqs guinmes, des coqs de combat. Nous connaisons
> les arènes. la foule, la lutte et la morte. Nous connaisons la

victoire et les yeux crevés. Tout cela ne nous a jamais empêchés
de vivre, ne comptant ni sur le bonheur, ni sur le malheur pour
exister, pareils aux feuilles des tamariniers qui se ferment la nuit
et s'ouvrent le jour (pp.120-21).

Otra imagen muy vívida de una de las metas que se ha impuesto LRSN es
que Telumée dirija, gobierne su propia vida: "... derrière une peine il y a une
autre peine, la misère est une vague sans fin, mais le Cheval ne doit pas te
conduire, C'est toi qui dois conduire le cheval" (p. 79).

Mientras que en *La increíble y triste historia de la cándida Eréndira y
su abuela desalmada* las fuerzas de la naturaleza y la abuela se alían para
causar "la desgracia" de Eréndira. El viento, indudablemente, juega un papel
determinante durante la trama de la novela, ya que es el viento el que parece
determinar, regir la dirección de la abuela, Eréndira y su caravana de indios
en su peregrinar por el desierto. En otras palabras es el viento el que lleva a
Eréndira a "su desgracia". "Eréndira estaba bañando a la abuela cuando
empezó a soplar el viento de su desgracia " (p. 97).

"Un viento tan bravo como el de la desgracia..." (p. 121). "... cuando
volvió a soplar el viento de su desgracia" (p. 137). "Oyó los ladridos del
viento alrededor de su carpa, pero tampoco esa vez había reconocido el
soplo de su desgracia" (p. 140). "... y se perdió en la tinieblas del viento..."
(p. 141). Por un descuido de Eréndira, "el viento de su desgracia" prendió
fuego a la mansión de la abuela con todos sus chécheres, dejándola reducida
a cenizas. A partir de éste momento la suerte de Eréndira está echada en la
sentencia de su abuela: "— Mi pobre niña — suspiro — No te alcanzará la
vida para pagarme este percance" (p. 103).

La abuela ha decidio que su nieta deberá pagarle hasta el último centavo
perdido en el incendio. A partir de este momento la crueldad, la explotación sexual y económica serán las únicas normas regentes en la vida de
Eréndira. La única idea que se le ocurre a la abuela para recuperar el dinero
perdido y tal vez para ella la más natural, es la de explotar a su nieta sexual-
mente, llevándola al mundo de la corrupción y prostitución que ella misma
había vivido en sus años de juventud. Es en esta etapa de la vida de Eréndira que la abuela se verá reflejada en el espejo de su nieta, viviendo nuevamente su pasado. El primer paso que da la abuela es buscar el mejor compra-
dor para la virginidad de Eréndira, ya que esta venta significa una entrada
especial que la abuela no va a desperdiciar. En su afán de explotar al máximo la
virginidad de su nieta, la lleva con el tendero del pueblo, conocido por pagar
bien la virginidad, quien después de pesar y examinar "la fuerza de sus muslos, el tamaño de sus senos, el diámetro de sus caderas" (p.103) hace su
oferta que no satisface la ambición de la abuela. Después de discutir y rega-
tear acuerdan el precio de la virginidad de Eréndira: $220,00. Es así como
se va a iniciar la vida de prostitución de Eréndira. Del desarrollo de los
hechos se aprecia que esta "abuela desalmada" en ningún momento se ha

sentido preocupada por el bienestar físico ni moral de la joven; tampoco le da el más minimo pensamiento a la iniciación de la vida sexual de su nieta sino que cruel y ambiciosamente la lanza en ese mundo. Ve solamente en Eréndira una "fuente de ingresos económicos" que le restituirá sus riquezas, sin importarle la explotación, la humillación ni los sentimientos de esta adolescente de catorce años.

En contraste con la situación anterior, se encuentra una relación completamente diferente entre LRSN y Telumée. Es una relación basada en el amor y la ternura recípricos. Tal es la identificación de Telumée con su abuela: "Elle n'attendait que moi, la vieille, pour déverser les derniers flots de sa tendresse, raviver la lueur de ses yeux usés" (p. 67). "Elle vivait par moi, respirait par ma bouche. Lorsque je m'éloignais, elle entrait en un branle qui ne finissait qu'à mon retour" (p. 67). LRSN implanta en Telumée sus valores espirituales en contraste con la abuela desalmada, para quien lo único importante son los valores materiales. En las propias palabras de LRSN: "Les biens de la terre restent à la terre, et l'homme ne possède même pas la peau qui l'enveloppe. Tout ce qu'il possède : les sentiments de son coeur..." (p. 77). Este es un aspecto que marca un fuerte contraste entre LRSN y la abuela desalmada ya que mientras los sentimientos juegan un papel primordial en la vida de LRSN, la abuela de Eréndira aparece como la matrona autoritaria y materialista interesada únicamente en explotar a su nieta, en los bienes materiales y en el dinero que Eréndira pudiera representar para ella.

Este rasgo del apego que hacia las cosas materiales sienten los ancianos, se encuentra realzado en *The Secret Ladder* de Wilson Harris, aunque no al mismo nivel desorbitante y ambicioso que GM nos presenta a "la abuela desalmada". Harris presenta una escena entre Van Brock y su abuela en la cual

> he had become terribly filthy in the process of recovering her old wedding-ring -- made of pure gold -- which she had nearly lost. Van Brock had taken his ailing grandmother's chamber-pot and poured its golden contents into the quagmire at the back of the land... He returned to find the sick old woman transfigured by anxiety. Daylight was fast approaching and she began bemoaning the loss of her ring. The stick of her finger had grown so dry the ring sometimes slipped off between the pillow of daylight and the sheets of night. Occasionally it fell and rolled across the floor of noon or morning and her grandson had to hunt in every crevice of time for it... She could no longer contain herself on this occasion and she rose from her bed to look everywhere. Virtigo rushed upon her, leaving her desolated and ill and chattering all over as if every pore in her body cried out for the lost direction and fellowship of youth (p. 242, 243, 244).

Al final Van Brock y su abuela tienen una discusión lo que acarrea la muerte de ella. Van Brock se siente entonces obligado moralmente a ir en busca de la argolla de matrimonio, a descender en la letrina, a buscar la argolla de matrimonio y a colocarla nuevamente en el dedo inerte de su abuela muerta. En este pasaje no se presenta la ambición desmedida sino el apego a algo -- en este caso la argolla de matrimonio -- con la cual la abuela de Van Brock se siente unida al pasado, con la cual identifica a la persona de su esposo, su amor. "The ring (however skeletal, even primitive and obscene in its generation) was everything she knew and desired. She could not bear the decapitation of memory" (p. 246).

La ternura en la relación de LRSN y Telumée es proyectada en la siguiente imagen: "Grand-mère prenait position dans sa berceuse, au seuil de la case, m'attirait contre ses jupes et, soupirant d'aise à chaque mouvment de ses doigts, entreprenait tranquillement de me faire les nattes " (p. 51).

Mientras la abuela realizaba esta labor, se internaba en el pasado cantando "des mazoukes lentes, des valses et des biguines doux-sirop" (p. 51) pero ella se adentraba aún más en este pasado, cantando canciones de esclavos y era en ese momento que su voz adquiría un tono diferente que se elevaba y llegaba a regiones lejanas y ajenas a Fond-Zombi.

Muestras de ternura como ésta no se encuentran en el mundo de Eréndira pero si hay al contrario una situación que marca un gran contraste entre las dos abuelas: "Al contrario de siempre, fue la abuela quien se ocupó aquella mañana de arreglar a Eréndira. Le pintó la cara con un estilo de belleza sepulcral que había estado de moda en su juventud, y la remató con unas pestañas postizas y un lazo de organza que parecía una mariposa en la cabeza" (p. 109). Escasamente se podría llamar a ésta una escena tierna. Es una escena preparatoria para la feria, para el espectáculo de degradación humana que "la abuela desalmada" — como empresaria — ha decidido poner en marcha.

Ambas abuelas van a cumplir una función histórica dentro del contexto en que están situadas. LRSN además de inculcar en Telumée sus valores espirituales, va a guiar a Telumée en el descubrimiento de su pasado histórico y en su identificación con el mismo:

"Pour la première fois de ma vie, je sentais que l'esclavage n'était pas un pays étranger, une region lointaine d'où venaient certaines personnes très anciennes, comme il en existait encore deux ou trois, à Fond Zombi. Tout cela s'était déroulé ici même, dans nos mornes et nos vallons, et peut-être à côtés de cette touffe de bambou, peut-être dans l'air que je respirais" (p. 62).

La figura de otra abuela viene a colación en este momento y es la figura de "Miss Ivy", la abuela de Beka Lamb. A pesar de no ser un personaje principal en *Beka Lamb*[8] de Zee Edgell, funciona como personaje conscientizador, es ella quien crea una conciencia en Beka y además la inicia en un cambio social. "The People's Independence Party, formed nearly two years before, was bringing many political changes to the small colony. And Beka's grandmother, an early member of the party, felt she deserved some credit for the shift Beka was making from the washing bowl underneath the house bottom to books in a classroom overlooking the Caribbean sea" (p. 2).

En esta instancia se observa a la abuela revolucionaria, que se rebela contra las normas políticas y sociales que han regido a Belice. Ella por lo tanto prefiere que su nieta Beka estudie, en lugar de realizar las tareas dómesticos que ella, a la edad de Beka -- catorce años -- tenía que realizar. También juega el papel de consejera para con su nieta y la advierte que tendrá que aprender a luchar y a encarar la vida: "It'll be a struggle but that you've learnt to do" (p. 169).

Volviendo a la función histórica que juega la abuela desalmada, esta función va a ser únicamente a nivel personal, si se recuerda que la abuela "continuaba viviendo en el sueño". Es a través del delirio en sus sueños que ella aporta datos e informaciones al lector sobre su pasado. Su función histórica no es de tál envergadura si se la compara con la función realizada por LRSN.

La educación sexual de las nietas va a ser otro punto de contraste entre las abuelas, ya que mientras la abuela desalmada, carente de escrúpulos, va a lanzar a su nieta en el mundo de la prostitución para provecho propio, LRSN muy por el contrario va a estar muy atenta a las relaciones entre Telumée y Elie su compañero de escuela. LRSN juega en todo momento el papel de guía para Telumée y es así como la encontramos haciéndoles la siguiente advertencia: "... Ne vous hâtez pas de grandir, négrillons, ébattez-vous, prenez votre temps, car les grands ne vivent pas en paradis" (p. 73).

Elie y Telumée serán más tarde marido y mujer pero Elie va a dedicarse a la bebida, maltratará a Telumée y terminará trayendo a Laetitia a vivir a su casa, de cual saldrá Telumée para regresar a la casa de LRSN. Este es uno de los momentos, una de las situaciones que servirán como prueba a LRSN para asegurarse de que su nieta ha aprendido a sortear las situaciones difíciles en la vida, que ha aprendido a sortear "la pluie et le vent". Aquí se corrobora el grado de influencia, la eficacia y el acatamiento de las enseñanzas de LRSN. Telumée va a afrontar esta situación, va a recobrarse, va a seguir adelante de la misma manera como LRSN lo habría hecho. He aquí el "espejo" de la abuela, la extensión de la personalidad de LRSN, "su doble". La abuela desalmada también va a verse reflejada en Eréndira aunque bajo diferentes circunstancias y temporalmente.

Paralelo a esta feria, a este parque de diversiones de la abuela en su peregrinar por el desierto, nace el amor entre Eréndira y Ulises. La actitud anti-religiosa de la abuela se pone de manifiesto cuando se niega a poner bajo custodia de los monjes a Eréndira -- menor de edad -- ya que esto significaría una vida diferente para ella y la pérdida de su negocio. Es notable que

LRSN muy al contrario, inculca en Telumée sus valores religiosos.
Es interesante notar que durante el tiempo que Eréndira pasó en el convento, ella declaró: " -- soy feliz -- " (p. 128) pero volvió a caer bajo "el hechizo" de la abuela "que la había dominado desde su nacimiento" (p. 130).
Personalmente creo, que a partir del primer momento en que Eréndira se vió fuera del alcance de su abuela, fuera de sus garras, el "hechizo" comenzó a "desaparecer", y Eréndira comenzó a sentir un "despertar". Es a partir de ese entonces que Eréndira empieza a sentir una inquietud por huír del lado de su abuela con Ulises pero este intento falla. Es ella quien tiene la idea de asesinarla y Ulises va a ser el encargado de hacerlo. Después de dos intentos fallidos, Ulises finalmente da muerte a la abuela. Esta es la figura de la abuela "grande, monolítica" y casi inmortal presentada por GM, que aún a la hora de la muerte no parece un ser humano ya que su sangre "era una sangre oleosa, brillante y verde, igual que la miel de menta" (p. 161).
También llega la muerte para LRSN pero su muerte no es planeada por su nieta quien expresa así sus sentimientos de dolor: "Alors grand-mère, tu me laisses et tu souris...
-- Ce n'est pas ma morte qui me réjouit tant, dit-elle, mais ce qui la suivra ...le temps où nous ne quitterons plus, mon petit verre en cristal...peux-tu imaginer notre vie, moi te suivant partout, invisible, sans que les gens se doutent jamais qu'ils ont affaire à deux femmes et non pas à une seule, ...peux-tu imaginer cela? ..." (p. 174).
De esta imagen presentada por S-B se puede ver claramente que LRSN se ve reflejada en su nieta y que Telumée seguirá rigiendo su vida de acuerdo a los ideales y valores implantados en ella por su abuela. GM nos presenta la última imagen de Eréndira huyendo velozmente, "corriendo contra el viento" con el chaleco que contenía los lingotes de oro que había recuperado del cadáver de su abuela. "Va corriendo más allá de los vientos áridos y los atardeceres de nunca acabar, y jamás se volvió a tener la menor noticia de ella ni se encontró el vestigio más ínfimo de su desgracia" (p. 163).
Es así como se expresa el total rompimiento de los lazos que unían a Eréndira con el pasado, con su abuela, con su vida de prostitución, y con Ulises. Eréndira aprendió también a "correr contra el viento", aunque bajo circunstancias diferentes y "adquirió de golpe toda la madurez de persona mayor que no le había dado sus veinte años de infortunio" (p. 162).
Para concluir este análisis necesitamos apartarnos de los textos y mirar a la figura de la abuela dentro de lo convencional y la intención de los escritores.
GM nos presenta con una figura de una abuela inmoral, despiadada y extrañamente fuera de lo convencional y lo deseado, que no encaja dentro del arquetipo que recurre a través de la literatura y que por lo tanto podría aceptarse universalmente. Al contrario, GM destruye este arquetipo mostrando una vez más su inconformidad con la realidad real. Es de esta manera

que expresa su necesidad de crear, de cambiar, de sustituir la realidad real,
creando una realidad ficticia que pone en contraste con la realidad real.

GM introduce en la literatura la figura de esta abuela inmoral que por
supuesto la religión y la moral no admitirían, valiéndose del proceso de "displacement". Según Northrop Frye: "...literature is as a rule less inflexible
than morality and it owes much of its status as a liberal art to that fact. The
qualities that morality and religion usually call ribald, obscene, subversive,
lewd, and blasphemous have an essential place in literature, but often they can
achieve expression only through ingenious techniques of displacement."[9]

GM sirviéndose de ésta técnica de "displacement" y del fenómeno al
cual Frye refiere como "demonic modulation" presenta al lector con el rev-
erso de la medalla, en cuanto se refiere a la figura acostumbrada de la abuela,
destruyendo, desquebrajando completamente el arquetipo, que de esta figura
se tiene.

GM se refiere a esta abuela como "una hermosa ballena blanca" (p. 97),
que de acuerdo al contexto bíblico es un monstruo marino: *Leviatán,*
enemigo del Mesías; también se le identifica con Egipto y Babilonia que eran
los enimigos de Israel; está relacionado también con la miseria, la pobreza,
las enfermedades que Satanás llevó al mundo de Job. En *Moby Dick* de
Melville, también se observa el uso de esta figura de la ballena cruel y también
en las leyendas de los pescadores sobre la ballena asesina. Leviatán, Satanás y
la serpiente del Edén están identificados con el mundo del pecado, de la
muerte en que cayó Adán. Jesucristo es el redentor prometido, el que
quebrantará la cabeza de la serpiente, aniquilando así a Leviatán y por con-
siguiente salvándonos de este mundo de pecado. Jesucristo tiene el papel
del héroe que va a triunfar contra el mal, va a ganar todas las batallas por
difíciles que sean.

Al aplicar el símbolo de la ballena a la abuela, GM está identificando el
contexto de explotación, crueldad, degradación sexual, materialismo con
ella y por ende con la personificación de Leviatán ejerciendo todo su poder
diabólico, destructivo sobre su inocente nieta Eréndira — (Arídnere al revés).
Pero en este imperio de la abuela va a aparecer el héroe Ulises, quien va a
ser el encargado de liberar a Eréndira de su abuela. Ulises encaja dentro del
arquetipo del héroe del Romance: joyen, vigoroso y fuerte "...era un adolescente dorado, de ojos marítimos y solitarios y con la identidad de un ángel
furtivo". (p. 113). Este héroe una vez que se enamora de Eréndira, adquiere
la propiedad maravillosa de hacer cambiar de color los objetos de vidrio que
toca. Este hecho se ajusta a las calidades del héroe de este tipo. En este romance entre Eréndira y Ulises, GM sigue la estructura establecida para ellos,
hasta cierto punto. Se encuentra la primera etapa o *agon* durante la cual
Ulises corre ciertos riesgos como robarle el dinero a su padre para ir a ver
a Eréndira; fugarse con el dinero para hacer cola frente a la carpa de Erén-

dira; escaparse de su casa después de robar tres naranjas "sembradas de diamantes". A continuación y conforme a la estructura del romance se encuentra la segunda etapa o *pathos* en la cual Ulises después de dos previos intentos para asesinar a la abuela, finalmente tiene éxito en su tercer intento. Es en esta etapa que se puede apreciar la fortaleza, la casi inmortalidad de este monstruo devorador: Leviatán. Es en la etapa final en que GM muestra una vez más la necesidad de crear, de sustituir la realidad y los patrones establecidos y es así como en la etapa final o *anagnorisis* que correspondería a la exaltación de Ulises como héroe, nos va a presentar a un héroe derrotado, ya que aunque ha asesinado a la abuela, ha sido abandonado por su amada y Eréndira emerge como heroína, huyendo con el botín que en derecho propio le pertenecía.

En esta realidad ficticia creada por GM lo imaginario forma una parte integral dentro de la narración y es así como utilizando el símbolo de Leviatán nos ha presentado esta abuela abominable en contraste con el arquetipo de la abuela propiamente dicho, y con Toussine Lougandor, la abuela en *Pluie et vent sur Telumée Miracle*. Al mismo tiempo lo mítico-legendario — los nombres de Ulises, Eréndira (Arídnere), Amadís, Sir Francis Drake — lo maravilloso, lo fantástico y aun lo pintoresco han sido entretejidos y manejados con exageración, como respuesta a su necesidad de crear su "propia realidad". Mientras que la obra de S-B, teniendo en cuenta que se trata de una autobiografía, está mucho más dentro del plano realista, pero no por esto, desprovista del simbolismo y mitología de los cuales se sirve para llevar a cabo su meta de hacer conocer su raza, su pasado histórico al mismo tiempo que describe una situación real.

NOTAS

[1]Gabriel García Márquez, *La increíble y triste historia de la cándida Eréndira y de su abuela desalmada,* Mexico, Editorial Hermes, 1972. Todas las citas pertenecen a esta edición.

[2]Simone Schwarz-Bart, *Pluie et vent sur Telumée Miracle,* Paris, Editions du Seuil, 1972. Todas las citas pertenecen a esta edición.

[3]Oscar Collazos, *García Márquez: la soledad y la gloria,* Barcelona, Plaza & Janes, S.A. 1983, p. 178.

[4]Plinio Apuleyo Mendoza, *El olor de la guayaba,* Bogotá, Editorial La Oveja Negra, 1982, p. 30.

[5]Gabriel García Márquez, *Los funerales de la Mamá Grande,* Bogotá, Editorial La Oveja Negra, 1962.

[6]Ronnie Scharfman, "Mirroring and Mothering" in Simone Schwarz-Bart's *Pluie et vent sur Telumée Miracle* and Jean Rhys's *Wide Sargasso Sea* en *Yale French Studies,* n. 62, p. 93.

[7]Wilson Harris, *The Whole Armour and The Secret Ladder,* London, Faber & Faber, 1973. Todas las citas pertenecen a esta edición.

[8]Zee Edgell, *Beka Lamb,* London, Heinemann, 1982. Todas las citas pertenecen a esta edición.

[9]Northrop Frye, *Anatomy of Criticism: Four Essays,* Princeton University Press, 1957, p. 156.

11

La matanza de los Haitianos en *El masacre se pasa a pie* y en *Compère Général Soleil*

Iván Grullón
Universidad Autónoma de Santo Domingo

¿Es posible revivir los hechos pasados a través de una obra de ficción? ¿Guardan esos hechos narrados en forma novelesca una cierta relación de verosimilitud con la realidad? Numerosos escritores le reconocen a la novela esa virtud. En sus observaciones sobre la novela, Sharon Ugalde afirma que "cualquier división estricta sobre la ficción narrativa y la historia es artificial. Mientras predomina la función poética en la ficción y la función referencial en la historia la diferencia es de grado y no absoluta"[1].

El escritor francés Louis Aragon, gran cultivador de la novela histórica, refiriéndose a la historia, se burla de aquellos que pretenden contarla, y coloca al creador de este sub-género en un plano parecido al del historiador. Los dos cuentan la historia bajo la influencia del poder reinante, a la luz de las ideologías dominantes:[2]

Al concluir su trabajo sobre la novela histórica, Jean Molino afirma: "La novela histórica es en todo momento el testimonio y el creador de la inteligibilidad de la historia.[3]

Podría decirse que el novelista va más lejos que el historiador, pues aquél no sólo puede dar datos y analizar los hechos, frecuentemente el narrador hace eso, sino que pretende reconstituirlos, reproducirlos directamente delante del lector.

Pero son tal vez los señalamientos que hicieron Carlos Marx y Federico Engels, a propósito de la novela de Balzac, los que muestran mejor el lugar privilegiado de este género como recreador de la historia. Refiriéndose a la

Comedia Humana, Engels señala que él "....aprendió más, incluso en lo que concierne a los detalles económicos, sobre Francia, leyendo esa obra, que en todos los libros de historiadores economistas y profesionales de la época".[4]

Esas observaciones me han parecido pertinentes para introducir el tema de este trabajo, pues voy a hablar de dos novelas que se refiere a un hecho histórico ocurrido en la República Dominicana en el año 1937: la matanza de los haitianos. Las dos novelas pretenden incluso reproducir esos hechos y llegan tal vez más lejos de lo que han podido decir los historiadores, quienes se han preocupado sólo por analizar las causas y las consecuencias del acontecimiento o dar cifras y datos en cuanto a la fecha y al número de haitianos masacrados en esa fecha.

Es quizás en *El masacre se pasa a pie* del escritor dominicano Freddy Prestol Castillo, y en *Compère Général Soleil* del haitiano Jacques Stephen Alexis, en donde mejor podamos conocer la forma como se llevó a cabo ese vil asesinato de miles de trabajadores haitianos en octubre de 1937.

¿Cómo son presentados los acontecimientos en las dos novelas? Lo primero que se debe señalar es que el tema no es tratado en las dos obras con la misma magnitud. En *El masacre se pasa a pie* casi la totalidad de los capítulos tratan del tema. A excepción del primero que introduce la novela, en el cual el narrador testigo de los hechos relata su llegada a Dajabón, lugar en donde se lleva a cabo la matanza, y los últimos capítulos que tratan de la repartición de las tierras quitadas a los haitianos muertos y expulsados; a parte de esos capítulos, todos los demás son consagrados a contar los episodios de la matanza.

En *Compère Général Soleil* [Mí Compadre el General Sol], la matanza sucede en el capítulo IV de la última parte de la novela, y en los siguientes V y VI, el narrador cuenta la odisea de Hilarion y Claire Heureuse antes de llegar a la frontera. Es decir, en esta última novela, los acontecimientos se desarrollan en un tiempo y un espacio mucho más estrecho que en *El masacre se pasa a pie*

Veamos primero como se presentan los hechos en la novela de Prestol Castillo. ¿Por qué, quienes y cómo mataron a los haitianos? ¿Cuales fueron las consecuencias de esa matanza?

A lo largo de la novela, personajes dominicanos y el joven juez narrador tratan de explicar el hecho por el robo de ganado y por las ocupaciones de tierras dominicanas por parte de los haitianos.

En una de las conversaciones que tienen los presidiarios que participan en la matanza, uno de ellos afirma:

Y yo, que me diba pa mi casa, de los lao de Moca y me
hicieron matá to los negros que jallara, sin sabé por qué.
Se me ocurrió hablarle al Sargente y en un tris me traga
'son joidene...' 'son joidene...' que dique poique roban vaca .[5]

Del robo de reses se habla también en el capítulo III, en donde Juanico Rivas, un hacendado de la región, afirma que se va a quejar ante el General porque los "Mañese" (los haitianos) han "acabao" con sus vacas (p. 29). El mismo narrador añade en esa misma página: "Otra causa de extinción del ganado era el robo de los haitianos".

En el capítulo 16, el narrador relata el robo de vacas en la propiedad de viejo Saint-Hilaire. Allí los haitianos se robaron todas las vacas y el toro motón: "Los ladrones cargaban con todo... Todo había sido sustraido. Hasta las últimas vacas de leche de la casa del anciano" (p. 81).

Otro hecho que motivaría la matanza es la ocupación de tierra y la presencia de haitianos en suelo dominicano. A menudo, el narrador evoca esa presencia.

> El haitiano comía de los frutales y tiraba la simiente
> al llano. Nacían árboles. Muchos árboles. También, en
> las barracas del hato, nacían haitianos, muchos haitianos.
> La tierra se poblaba de haitianos y de árboles... Las
> negrillas de la señora principal del pueblo han casado
> todas, con haitianos... Estos ocupaban todos los menes-
> teres: hojalatero, zapatero, agricultor y peón. También
> había en las lomas una propiedad cultivada en que todos
> los amos eran haitianos   (pp. 25-26).

En ese pasaje de la novela, el narrador coincide con autores y dominicanos que han visto en la penetración haitiana en territorio dominicano una de las causas o justificación de la matanza. Cabe señalar, que aunque en muchas ocasiones el narrador (quien es propiamente en este caso el autor de la novela) se pronuncia contra el crimen, otras veces, con las intervenciones como las citadas más arriba, justifica el crimen.

Son numerosos los pasajes en donde se hace alusión a las rivalidades, que desde el nacimiento de las dos repúblicas han opuesto a los dos pueblos. Personajes de la novela, y a veces el propio narrador, establecen un paralelo entre la matanza hecha por los haitianos contra los dominicanos en el siglo pasado, y la que ocurre en la novela. Al evocar la historia pasada y comparar la matanza de ayer con la de hoy, el narrador persigue, si no justificar, al menos presentar al lector una circunstancia atenuante del crimen contra los haitianos:

> Desde "Chacuey", desde "Beler", campos desolados, donde
> ahora acontece nueva muerte de haitianos, como en las guerras
> de nuestra liberación. Sobre aquellas sabanas nos liberaron de
> las cadenas con que sojuzgó Haiti a la República Dominicana
> por 22 años. En ese período Haiti degolló, fusiló, hostigó sin
> piedad, al pueblo dominicano. ¿Y estos puñales de hoy? ... (p. 72).

Es evidente que el narrador, al intercalar las últimas frases del párrafo precedente, que dicho sea de paso no tienen necesariamente por qué figurar en la novela, busca atenuar la culpa de los dominicanos que llevaron a cabo la matanza, y dar razón a todos aquellos que vieron en ese hecho criminal una medida para detener la haitianización de la frontera. Sobre todo a los defensores del régimen trujillista.

Más adelante, en el capítulo XVI, el narrador vuelve nuevamente a comparar los dos acontecimientos. Refiriéndose a la matanza, el narrador afirma:

De noche y de día. Sentencia de muerte. Sin apelación.
Así también eran las sentencias de Toussaint y Dessalines.
La carnicería de esta sabana de Juan Calvo recuerda la
frase de aquel jerarca haitiano, dirigida a los habitantes de
Santo Domingo: 'Los perseguiré hasta en las montañas,
como animales montaraces' . (p. 83).

Por un lado, el narrador lamenta y denuncia como "barbaro" la matanza de haitianos, pero por otra parte, evoca constantemente el pasado para explicar o justificar, quien sabe, el presente. No era necesario, repito, que Prestol Castillo insistiera tanto sobre la matanza del siglo pasado, pués con ello excusa implícitamente a los asesinos del régimen trujillista.

Pero es sobre todo en el capítulo XXVIII, en donde el narrador revive con mayor intensidad el pasado para explicar el presente. En dicho capítulo, el narrador cuenta un sueño suyo en el cual ve escenas del siglo pasado sobre la matanza de los dominicanos por haitianos. El autor revive a los haitianos Toussaint Louverture, Dessalines y al Emperador Soulouque, quienes someten y masacran a los dominicanos. Así vemos al héroe de la independencia haitiana pronunciar la célebre frase: "La Isla, una e indivisible":

Morirán todos en la parte de Santo Domingo que gobiernan
españoles todavía... La Isla, una e indivisible... Haiti solo tiene
por límites el mar... (p. 138).

Más adelante vemos a Dessalines dirigirse a los dominicanos:

Soy Dessalines, el amo de Haiti... Vuestro destino
es morir bajo las botas de las Tropas de Haiti... No
escaparéis ni ancianos, niños, ni mujeres! ...

Al terminar el capítulo, el narrador compara los dos acontecimientos:

La mañana... me sorprendió meditando sobre la historia
presente que veía con más ojos, escrita en caracteres de
sangre, y aquella historia de impiedad, despotismo y crímenes cometidos por los haitianos, aprendida en las clases
de historia en la infancia. (p. 140).

Parece que Prestol Castillo quería representar en su novela lo que muchos dominicanos pensaban de la matanza de los haitianos. Es decir, que se les cobraba a estos lo que ellos habían hecho en el pasado. En la novela encontramos un personaje, don David, el repartidor de las tierras que fueron quit· adas a los haitianos, que sostiene un argumento similar:

> Estamos cobrándoles ... No me hable de Humanidad ni de yerbas de academia! ... Estamos cobrándoles! Es una deuda vieja! Hace un siglo estos mismos negros desangraron al pueblo dominicano, degollando hasta en las iglesias... Estamos cobrándoles!

La alusión hecha a los crímenes cometidos el siglo pasado por Dessalines y sus tropas es evidente.

Prestol Castillo representa en su novela la forma como fueron ultimados los haitianos. La matanza la llevaron a cabo soldados, reservistas y presidiarios encabezados por dos personajes de la novela: el Capitán Ventarrón y el Sargento Tarragona. El novelista evoca una de las prácticas políticas del régimen trujillista, la de apresar civiles y obligarlos a cometer actos criminales, para luego decir que fue la población que realizó los hechos. Este fue el caso de los llamados "reservistas" en la novela. Se trata de campesinos que fueron obligados a matar haitianos. Vale señalar, dicho sea de paso, que luego serían los mismos reservistas quienes serían acusados de matar a los haitianos. El régimen presentó los hechos ante la opinión nacional e internacional como si se tratara de un enfrentamiento entre campesinos dominicanos y haitianos. En los últimos capítulos de la novela, aparece representada tal situación.

En esta novela como en la de Alexis, se muestra también otro hecho que precedió la matanza. Antes de iniciar el crimen, sus ejecutores fueron emborrachados. Es por eso que vemos siempre al jefe de la matanza, el Capitán Ventarrón bebiendo y ordenando al Sargento que le traiga todo el ron que encuentre en el lugar (p. 23). Momentos antes de iniciar la matanza, vemos al Sargento Tarragona decir a los soldados: "Muchachos...romo...romo! que vamos a trabajar ... Todos bebían (p. 27). [6]

Es tal vez en el capítulo II, en donde con más claridad vemos la matanza. Ahí presenciamos a los dominicanos ultimar a cuchilladas a los haitianos. El novelista representa la escena alternando el diálogo con el resumen:

> - No matá a mi ... Yo dominiquén!
> - No matá ... Toma cuat... (ofrecía dinero)

Gritaba un soldado, ebrio, endemoniado:

> - Levante el brazo ... pa matá pronto! ... Maldito Mañé!
> - Ah bon dieu ... y caía (p. 27).

Para dar más autenticidad a su novela, el escritor trata de reproducir el habla de los haitianos. Mezcla de creol con voces en español:

Uno gritaba:
- No matá, Pié... no me matá! ....
- Cállate, negro el diablo! ....
- Muchacho! pa'lante! .... Pa acabá con estos negro,
con esta "garrapata", que se han cogío la tierra de
los dominicanos! Pa'lante! (p. 27).

Como es la lengua coloquial, el novelista trata de reproducir el habla tal como la realizan los personajes. De ahí la ortografía y la sintaxis irregular del español dominicano.

Luego de esta escena sobre la matanza colectiva de haitianos, el escritor muestra la tragedia individual de los haitianos que intentaron huir hacia Haiti. Así tenemos el caso de la negra Moraime Luis, quien estuvo escondida en la casa de doña Francina, la dueña del hotel. Cuando Moraime iba a cruzar la frontera fue sorprendida por una patrulla:

-Pardón... Pardón... Dieu! Dieu...,
no me matá.... no me matá.... Toma el cuart....
Toma el cuart... no me matá... (p. 34).

La mujer fue violada y matada: "Moraime Luis dejó la virginidad en la arena del río ... También dejó la vida..." (p. 34).

En el capítulo XVI, vemos al negro haitiano hojalatero Yusén escapar milagrosamente de la matanza. El narrador describe magistralmente la escena en la cual Yusén logra salvar el pellejo. El presidiario Ramoncito "Come Burro" no logra matar con su machete al haitiano Yusén. Finalmente Yusén logra escapar, pero deja atrás su tierra dominicana, pues él tenía 30 años establecido allí y por ende se consideraba dominicano:

Hace 30 años que salió de Haiti y allá no tiene conocidos
El es dominicano! ...
Si, pero debe ir a Haiti, aun a morir... al fin, Haiti es su patria...
(pp. 82-83).

Prestol Castillo revive también la tragedia de los haitianos que se habían unido con dominicanos y la de los hijos de éstos. En el capítulo VII, se cuenta la partida de Yosefo Dis, un haitiano propietario de tierras de la comunidad de Castellanos que se había unido con la dominicana Manuelita. Yosefo se salva porque su mujer es hermana natural del Sargento Pio Tarragona. Es el mismo sargento que les obliga a partir:

... Bueno... Yosefo... yo tor violando la ler! Tor
violando la ler.... y váyanse pa Haiti! .... ahora mismo! (p. 48).

Cuando el sargento dice que está "violando la ler", se refiere a la orden que había dado Trujillo de matar a todos los haitianos.

Una escena similar a la precedente sucede en "Los Almácigos", en donde el dominicano Juan Nazario evita la matanza de sus hijos y de su concubina haitiana:

- Juan Nazario! .... coje el camino y vete con todos
estos negros para Haiti! Llévalos y vuelve a tu tierra! ...
que tu eres de los dominicanos buenos! (p. 63).

Yosefo y la familia de Juan Nazario pudieron escapar, sin embargo, porque conocían al Sargento Tarragona. Al primero, el sargento le había bautizado un hijo y el segundo (Juan Nazario) conocía al sargento desde la guerra civil en el "Cerro de las Mercedes". Habían sido compañeros de armas: "Peidone a estos negros! ... Hágalo por su teniente Juan Nazario! " (p. 62).

Para concluir con *El masacre se pasa a pie,* me parece conveniente referirme también a los pasajes en donde se presentan las consecuencias inmediatas de la matanza. Resulta que la exterminación y expulsión de los haitianos provocó la quiebra de los hateros y comerciantes de la región. El narrador evoca a menudo esa situación. En este parte, el novelista presenta un desmentido de lo dicho sobre el robo por parte de los haitianos. Son los propios propietarios hateros y comerciantes quienes reconocen que los haitianos lo que hacían era trabajar. Así vemos a don Lauterio decir:

- Qué será de Dajabón... Morirán de hambre? ... Por
qué se han de ir los negros, tan buenos? Trabajan
barato... Estos buenos trabajadores limpiaban una
tarea de tierra por diez centavos... y a veces por una
caja de batatas... (p. 39).

Reflexiones similares a la de don Lauterio, las hace don Francisco Seijas, otro hatero del poblado de "Santiago de la Cruz". El hacendado se queja de la matanza y éxodo de los haitianos que araban sus tierras:

Y ahora mira hacia las plantaciones, escocidas por
el estío. Estío de la línea, abrasador. Quién arará la
tierra? Nadie! Se poblará de "cambrón ! ... (p. 93).

En los últimos capítulos se muestra también el intento que hizo el gobierno trujillista por "dominicanizar" la frontera. Después de la matanza y expulsión de los haitianos, el gobierno envió "colonos" dominicanos, a quienes se les darían las parcelas quitadas a los haitianos. En su novela, Prestol Castillo presenta a esos colonos como una banda de malhechores, "vagos" y "criminales" recogidos en las ciudades del país.

Interesa de estos capítulos, los pasajes en donde se cuenta las incursiones de Hilarión el "patú", el haitiano que roba durante la noche en las propiedades de los hateros dominicanos.

Aunque la exterminación colectiva había prácticamente terminado, se continuó matando a los haitianos que cruzaban la frontera a robar durante la noche:

> Los negros están realizando su robo, lo que equivale a
> decir que sacian su hambre y asumen su martirio: roban
> de noche... (p. 70).

Las depredaciones que realiza Hilarión el "Patú" ilustra esa situación. Dicho personaje es un ladrón de ganado protegido por un "bocó" haitiano. El poder mágico, sobre natural que le imprimió el "bocó" le permite resucitar luego de haber sido abaleado y dado por muerto. (p. 77)

Ese robo, según el narrador, no podía evitarse, pues sin él, el haitiano no come. El narrador sugiere que la matanza de haitianos no va a terminar mientras haya hambre en Haiti:

> Haiti: significa hambre. El hambre no sabe de límites. "El
> Patú" y sus hermanos seguirán caminando de noche. La noche
> de la frontera es la única oportunidad para que Haiti coma (p. 78).

También sugiere el novelista, ya al final del libro que la penetración de haitianos en territorio dominicano será inevitable:

> El gobierno ordenaba retornar a las ciudades a aquella
> chusma de maleantes y de putas que habían pasado un
> año en la frontera... Después, en las parcelas, habría una
> soledad tremenda. Volverían los dos eternos de esta
> longitud: El bosque. Y también Haiti" (p. 130).

El novelista deja en suspenso, lo que constituye para muchos dominicanos una preocupación, el futuro nuestro con Haiti...

Luego de haber tratado los aspectos que a mi juicio resultan más interesantes en *El Masacre se pasa a pie,* relacionados con el tema de este trabajo, podemos pasar a la novela de Alexis: *Compère Général Soleil.*

¿Cómo son presentados los hechos en esa novela? ¿Por qué matan a los haitianos, cómo y quienes hicieron la matanza?

Ahora estoy en condiciones de iniciar la comparación entre las dos novelas, pues ya vimos los acontecimientos en *El Masacre se pasa a pie.*

La gran diferencia entre estas dos novelas, en cuanto a la matanza de los haitianos se refiere, reside en el grado de ficción inherente a los dos libros. Aquí entro en el terreno difícil de la creación literaria. ¿Cuál es el grado de ficción y de la realidad en la novela histórica? O mejor dicho: ¿Cuál es el grado de ficción y de realidad en las dos novelas estudiadas?

Parece que los acontecimientos son contados con más apego a la "verdad histórica" en *El Masacre se pasa a pie.* Aunque esto es también relativo por eso pongo "verdad histórica" entre comillas. La verdad de Joaquín Balaguer y la de Roberto Cassá sobre la matanza de los haitianos no es la misma. Son dos escritores con ideologías diferentes, y por ende enfocan y valorizan el hecho histórico de manera diferente. Eso mismo sucede con los autores de las dos novelas citadas. Este caso es más interesante aún, porque se trata de dos novelistas, uno haitiano, y el otro dominicano que tocan un tema de donde se ven involucrados personajes que poseen sus propias nacionalidades. También se da el caso de que los dos escritores no tienen la misma ideología política. Jacques Stephen Alexis era comunista. Prestol Castillo no lo fue. Esto explica, tal vez, la dimensión revolucionaria que da Alexis a la matanza de los haitianos y la solidaridad que prestan los dominicanos a los haitianos en su novela.

Pasamos a ver en el texto, como son presentados los acontecimientos en la novela de Alexis.

De acuerdo a la novela, la matanza la ordena Trujillo a causa de la huelga que tuvo lugar en los ingenios azucareros norteamericanos en San Pedro de Macorías.

En la conversación que sostiene Hilarión con Doménica se escucha lo siguiente. Es Doménica quien habla:

> ... He venido porque trascendió que están preparando algo contra los trabajadores del azúcar. No se sabe exactamente qué, pero es algo serio. Hoy han llegado a Macorís, en camiones, centenares de gendarmes. Les han distribuido fuerte raciones de ron y de municiones. Todo esto no presagia nada bueno. El éxito del paro ha constituido para ellos un serio revés. Están estallando huelgas un poco por todas partes, de manera que el Chacal decidió dar un gran golpe. Parece que también han enviado una multitud de soldados a Dajabón. Se dice además que algunos soldados borrachos se jactaron de que harían correr la sangre de esos haitianos malditos.[7]

De aquí se desprende la intención de Alexis de relacionar la matanza con la huelga que tuvo lugar en los ingenios. Cuando Doménica dice que el "Chacal" planea dar "un gran golpe", se trata de la matanza de los haitianos. Aparece en este pasaje al igual que en la novela de Prestol Castillo, la presencia del ron que se le dió a los soldados que realizarían la matanza. Alusión también a Dajabón el pueblo fronterizo escenario de la masacre de haitianos.

Me debo referir a los numerosos anacronismos que comete Alexis. No es cierto que la matanza haya sido precedida por una huelga en los ingenios azucareros. He podido constatar que en la época que tuvo lugar la matanza de los haitianos, no hubo huelgas en dichos ingenios.

Inmediatamente después de la huelga, ocurre la matanza de los haitianos. En el mismo capítulo IV, el narrador relata y describe el acontecimiento.

El novelista reproduce en forma novelesca una anécdota muy conocida por los dominicanos, según la cual, los guardias que tuvieron la misión de asesinar a los haitianos, para no confundirlos con los negros dominicanos, obligaban a los haitianos a pronunciar la palabra 'perejil'. Como los haitianos no lograban pronunciar la "r" española, decían 'pelehil', entonces los guardias les mataban.

Los trabajadores se encontraban cortando caña cuando llegaron los soldados:

> Acá! Todos los hombres acá! Los guardias se habían precipitado hacia ellos y confiscaban los machetes de trabajo. Apartaron a culatazos a los dominicanos... El oficial, acompañado de algunos soldados les hablaba. Los hacía desfilar y les ordenaba pronunciar una sola palabra:
> -Pelehil...
> La mayoría de los haitianos no la lograban pronunciar correctamente... Un vez que terminaron, un grupo de guardias dispersó a los dominicanos lejos del campo   (p. 261).

El ametrallamiento de los haitianos en la novela constituye otro anacronismo, pues en realidad, ellos no fueron matados en los ingenios de norteamericanos, tampoco fueron los haitianos ejecutados con armas de fuego. Los testimonios que se han dado coinciden en el sentido de que la mayoría de ellos fueron ultimados a puñaladas y a palos, tal como lo presenta Prestol Castillo en su novela.

¿Cuál es la función de esos anacronismos? Para responder a esa pregunta es conveniente referirse a la concepción que tiene Alexis sobre la novela. Refiriéndose a este género, el escritor afirma:

> ... La creación novelesca me permite encontrar parte de alegría y ofrecerla a mis compañeros de sueños y de pasiones, pero no es el único que ha orientado mi profesión. Me pareció que el género novelesco era el más poderoso campo literario de nuestro tiempo, que él me permitía comprender el hombre y la vida en su realidad cambiante, explicarlos y contribuir a su transformación. La novela no es solamente para mí testimonio, descripción, sino acción una acción al servicio del hombre, una contribución a la marcha hacia adelante de la humanidad... Para mí, ser novelista, es algo.más que hacer arte, es dar un sentido a nuestra vida.[8]

No se debe olvidar que Alexis fue un marxista militante; su concepción sobre el arte corresponde al realismo socialista, el cual persigue, tal como fue definido por Idanov, en el Primer Congreso de Escritores Soviéticos, celebrado en 1934, "representar la realidad en su desarrollo revolucionario".[9] Es esta concepción del arte que conduce a Alexis a transformar los hechos y presentarlos de manera que el lector vea la matanza de los haitianos, como una consecuencia de la lucha que libran los obreros dominicanos y haitianos de la caña contra el imperialismo y su representante en el país, Trujillo.

Pero tal vez, la mayor originalidad de la novela de Alexis, y en esto se diferencia bastante de la Prestol Castillo, consiste en el alto grado de solidaridad practicada entre los haitianos y dominicanos, antes y después de la matanza. Antes de la matanza vemos como Josaphat primero y luego Hilarión y Claire Heureuse fueron recibidos por los dominicanos. La dominicana concepción no sólo ayuda a Josaphat, su vecino haitiano, sino que se convierte en la protectora de Claire Heureuse (p. 227). Igualmente, existe solidaridad entre los trabajadores del azúcar dominicanos y haitianos:

> Los trabajadores se habían sentado. Uno de los haitianos
> había sacado un caramillo. La guitarra buscaba en las notas
> bajas una nota nueva ... Todas las voces se fundieron. Era
> el canto de las cañas duras de hojas heridoras; el canto de
> las piernas quemadas y los torsos chorreantes. Eran todos
> los hijos de las mismas esperanzas... (p. 223).

El narrador evoca a menudo la solidaridad obrera, y la presenta de manera que la misma aparece como algo más fuerte que incluso el sentimiento de nacionalidad. Cuando el narrador dice que los obreros "eran todos hijos de la misma esperanza" evoca el ideal comunista de un mundo sin fronteras entre los hombres...

La solidaridad se practica también cuando los obreros haitianos y dominicanos se lanzan a la huelga en los ingenios norteamericanos. Los haitianos, aunque vacilan por ser extranjeros, se unen finalmente al movimiento, organizado por los dirigentes obreros dominicanos.

Luego del ametrallamiento de los haitianos ocurrido en los campos de caña los que logran escapar son ayudados por los dominicanos, incluso hasta por los mismos militares. Así, vemos al soldado Rodríguez, ayudar a los haitianos. Junto con Hilarión, el guardia Rodríguez se dirige a la casa de Doménica en busca de protección.

Fueron, según se presenta en la novela, los comunistas dominicanos quienes organizaron y dirigieron la protección de los haitianos. En casa de Doménica Betances, Santa Cruz, dirigente comunista, organiza esta acción:

> Hay que actuar, camaradas! Creo que podríamos avisar
> a todos los demócratas que conocemos.... ningún domini-
> cano honrado se negará a ayudarnos. Tenemos que conse-
> guir muchos coches, muchos coches... (p. 269).

Luego, en el pueblo, los comunistas recogen a los haitianos y los esconden:

> Los automóviles atravesaban las calles a toda velocidad.
> Eran los salvadores que recogían a los heridos y hacían
> subir a los fugitivos. Las puertas se abrían después del paso
> de los facistas... (p. 270).

Más adelante, el narrador resume la actitud del pueblo dominicano frente a los haitianos que huían:

> El pueblo dominicano libraba batalla como podía; con todo
> su corazón, con todas sus manos, disputaba cada vida a los
> asesinos fascistas y a la muerte. Los demócratas dominicanos
> habían salido de la gran noche en la que se debatían oscuramente,
> los comunistas se habían lanzado a la calle, en la primera
> fila, organizando la evacuación en las barbas de la policía, de los
> guardias y de los trujillistas". (p 271)

Es sin dudas, el ideal comunista de Alexis que le permite comprender este acontecimiento y no culpar al pueblo dominicano de ese vil asesinato colectivo. El narrador presenta al pueblo dominicano como una víctima de la tiranía trujillista. Ese mismo ideal le conduce a visualizar la integración de los pueblos haitiano y dominicano. Meditando sobre la identidad existente entre los haitianos y dominicanos que trabajaban en los ingenios, el narrador señala:

> Aquí se confundían dos culturas nacionales. ¿Quién sabía
> que reservaba el porvenir? Esas dos naciones eran hermanas. Lo
> que no habían podido consumar todas las guerras de otros
> tiempos, lo que no podrían conseguir jamás la imposición
> y la violencia, tal vez lo realizaría la vida. Algo se iba anudando
> aquí, por obra del trabajo, de las canciones, de las alegrías y
> las penas comunes, algo que terminaría por dotar de un solo
> corazón, una sola alma a dos pueblos encadenados a la misma
> servidumbre (p. 222).

Alexis, patriota y comunista haitiano, pensaba como piensan muchos dominicanos. A la postre es más conveniente para los dos pueblos que comparten esta pequeña isla, lograr su integración política y económica y olvidar el pasado lleno de odio, crimen y opresión.

La matanza de los haitianos ocurrida en 1937 constituye la más lamentable tragedia histórica de América Latina en lo que va del siglo. Más de

10,000 haitianos fueron asesinados impunemente por el régimen trujillista que gobernó la República Dominicana durante 30 años. Ese crimen sólo es comparable al cometido en la misma época por Hitler en el viejo continente europeo.

Las novelas *El masacre se pasa a pie* de Freddy Prestol Castillo y *Compère Général Soleil* de Jacques Stephen Alexis son los más fieles testimonios escritos sobre ese vil asesinato.

En el libro de Prestol Castillo se reproducen en forma cronológica y novelesca, todos los hechos relacionados con la matanza. Desde ese punto de vista, este libro es a mi juicio el que más exactamente representa los acontecimientos. Es lamentable, sin embargo, que este escritor, al evocar tanto el pasado, haya dejado la impresión de que dicha matanza se justificaba frente a los crímenes cometidos por los haitianos un siglo atrás, cuando las tropas de Dessalines masacraron en su retirada hacia Haiti a los dominicanos indefensos que encontraron en su camino.

En la novela de Alexis los acontecimientos son presentados con menor apego a la "verdad histórica". Sin embargo, es precisamente eso lo que hace de esa novela un libro interesante y original. La novela de Alexis es optimista y da una dimensión revolucionaria y antimperialista a los hechos. Los haitianos son matados porque luchan junto con los dominicanos en los ingenios norteamericanos por mejorar la condición de vida de los obreros...

El novelista debe, según Alexis, contribuir a la liberación y transformación del hombre, debe hacer marchar la humanidad hacia adelante.

No hay dudas, lo hemos visto, la novela histórica es como bien dice Jean Molino "el testigo y el creador de la inteligibilidad de la historia". Sin las novelas de Prestol Castillo y Alexis no tendríamos un testimonio vivo de lo que fue la masacre de 1937.

Sobre ese lamentable acontecimiento, me identifico con las palabras de Alexis:

> ...Mientras esta tierra durará, conservaría las huellas de
> esos charcos de sangre fraternal y los hijos dominicanos
> del futuro bajarían la cabeza bajo esas móculas infamantes...
> (*Mi Compadre....,* p. 271).

Algún día llegará en que los dominicanos y los haitianos nos daremos las manos para construir una nueva sociedad! ....

NOTAS

[1]Uglade, Sharon, *El gran solitario de palacio y la modalidad de la ironía,* Intl. Texas University (Otono 1982), p. 16.

[2]Aragon, Louis, *Aragon parle avec Dominique Arban,* Seghers, 1968, France, pp. 172-173.

[3]Molino, Jean, "Qu'est-ce que le roman historique", en *Revue d'Histoire Littéraire de la France,* Mars-Juin 1975, 75 année, No 2-3, Armand Colin, Paris 1975.

[4]Citado por Jean Pierre A. Bernard en *Le Parti Communiste et la question littéraire,* Presses Universitaires de Grenoble, France, 1972, pp. 7-8.

[5]Prestol Castillo, Freddy, *El masacre se pasa a pie* Ediciones Taller, Santo Domingo, República Dominicana, 1982, pp. 44-45. En adelante, cuando hagamos referencia al libro de Prestol Castillo solo pondremos la pagina.

[6]Los dominicanos cuando vamos a beber decimos: "Vamos al romo": Es decir a beber ron.

[7]Alexis, Jacques Stephen, *Mi Compadre el General Sol,* Ediciones de Taller Santo Domingo, República Dominicana, 1981, p. 257.

[8]Alexis, Jacques Stephen, "Où va le roman", *Présence Africaine,* No. 13, Avril-Mai 1957, p. 95. (La traducción es mía.)

[9]Idanov, Andrei, *Sur la littérature, la philosophie et la musique,* Les Editions de la Nouvelle Critique, Paris, 1950, p. 8.

BIBLIOGRAPHIA

ALEXIS, Jacques Stephen, *Mi compadre el General Sol,* Ediciones de Taller, Santo Domingo, Rep. Dominicana, 1981.

———— , "Où va le roman", *Présence Africaine,* No. 13, avril-mai, 1957.

ARAGON, Louis, *Aragon parle avec Dominique Arban,* Les Presses D'Aubin Ligugé, Vienne, 1968.

CASSA, Roberto, *Historia social y económica de la República Dominicana,* Editora Alfa y Omega, Santo Domingo, Rep. Dominicana, 1980.

CRASSWELLER, Robert D., *Trujillo: la trágica aventura de un poder personal,* La Editorial Bruguera, S.A., Barcelona, España, 1968.

DE GALINDEZ, Jesús, *La era de Trujillo,* Editores: Libres y servicies, C. por A., 1975.

FRANCO, Franklin, *Trujillismo: génesis y rehabilitación,* Editora Nacional, Santo Domingo, Rep. Dominicana.

GALLEGOS, Gerardo, *Trujillo: cara y cruz de su dictadura,* Ediciones Iberoamericanas, S.A., Madrid, España, 1968.

GARDINER, C. Harvey, *Trujillo: La política de inmigración del dictador,* Dirección de Publicaciones, Universidad Nacional "Pedro Henriquez Urena", Santo Domingo, Rep. Dominicana, 1979.

GIMBERNARD, Jacinto, *Trujillo,* Editora Cultural Dominicana, S.A., Santo Domingo, Rep. Dominicana, 1976.

IDANOV, Andrei, *Sur la littérature, la philosophie et la musique,* Les Editions de la Nouvelle Critique, Paris, France, 1950.

JIMENEZ GRULLON, Juán Isidro, *Sociología política dominicana, 1844-1966,* Volumen III (1924-1942), Editora Alfa y Omega, Santo Domingo, Rep. Dominicana, 1980.

MOLINO, Jean, "Qu'est-ce que le roman historique," *Revue d'histoire littéraire de la France,* 75 année, no. 2-3, mars-juin 1975.

MOYA PONS, Frank, *Manual de historia dominicana,* Colección Textos, Universidad Católica Madre y Maestra, Santiago, Rep. Dominicana, 1977.

PRESTOL CASTILLO, Freddy, *El masacre se pasa a pie,* Ediciones de Taller, Santo Domingo, Rep. Dominicana, 1982.

UGALDE, Sharon, *El gran solitario de palacio y la modalidad de la ironía,* Int. Texas University, 1982.